U0052673

錢穆作品精萃

孔子傳

錢穆

東大圖書公司

再版序

予之此稿，初非有意撰述，乃由孔孟學會主持人親來敝舍懇請撰述孔孟兩傳。其意若謂，為孔孟兩聖作小傳，俾可廣大流行，作為通俗宣傳之用。余意則謂，中國乃一史學民族，兩千五百年前古代大聖如孔子，有關其言論行事，自司馬遷《史記·孔子世家》以後，尚不斷有後人撰述。

今再為作傳，豈能盡棄不顧，而僅供通俗流行之用。抑且為古聖人作傳，非僅傳其人傳其事，最要當傳其心傳其道。則其事艱難。上古大聖，其心其道，豈能淺說？豈能廣佈？遂辭不願。而請求者堅懇不已。終不獲辭，遂勉允之。

先為孔子作傳，搜集有關資料，凡費四月工夫，然後再始下筆。惟終以《論語》各篇為取捨之本源。故寫法亦於他書有不同。非患材料之少，乃苦材料之多。求為短篇小書，其事大不易。

非患於多取，乃患於多捨。抑且斟酌羣言，求其一歸於正，義理之外，尚需考證，其事實有大不易者。

余此書雖僅短短八章，而所附疑辨已達二十五條之多，雖如《史記·孔子世家》，亦有疑辨

處。此非敢妄自尊大，輕薄古人。但遇多說相異處，終期其歸於一是。所取愈簡，而所擇愈艱。

此如《易傳》非孔子作，其議始自宋代之歐陽修。歐陽修自謂上距孔子已千年，某始發此辨，世

人疑之。然更歷千年，焉知不再有如某其人者出。則更歷千年，當得如某者三人。三人為眾，而

至是某說可謂已得眾人之公論。則居今又何患一世之共非之。但歐陽所疑，不久而迭有信者。迄

今千年，歐陽所疑殆已成為定論。余亦採歐說入傳中，定《易傳》非孔子作。此乃是孔子死後千

餘年來始興之一項大問題大理論，余為孔子作傳，豈能棄置不列？又此有關學術思想之深義，豈

能僅供通俗而棄置不論？

書稿既定，送孔孟學會，不謂學會內部別有審議會，審查余稿，謂不得認《易傳》非孔子作，

囑改寫。然余之抱此疑，已詳數十年前舊稿《先秦諸子繫年》中。余持此論數十年未變，又撰有

《易學三書》一著作，其中之一即辨此事。但因其中有關《易經》哲理一項，尚待隨時改修，遂

遲未付印。對日抗戰國難時，余居四川成都北郊之賴家園，此稿藏書架中，不謂為蠹蟲所蛀，僅

存每頁之前半，後半全已蝕盡，補寫為艱。吳江有沈生，曾傳鈔余書。余勝利還鄉，匆促中未訪

其人，而又避共難南下至廣州香港。今不知此稿尚留人間否。

學會命余改寫，余拒不能從，而此稿遂擱置不付印。因乞還，另自付印，則距今亦踰十三年

之久矣。今原出版處改變經營計畫，不再出版學術專著，故取回再版付印。略為補述其成書之緣起如上。至孟子傳，則並未續寫，此亦生平一憾事矣。余生平有已成書而未付印者，如上述之《易學三書》。又有已成書，而其稿為出版處在抗日勝利還都時墜落長江中，別無鈔本，如《清儒學案》。今因此稿再版，不禁心中聯想及之。而《清儒學案》一稿，則尤為余所惋惜不已者。茲亦無可詳陳矣。

中華民國七十六年四月錢穆補序時年九十有三

序　言

孔子為中國歷史上第一大聖人。在孔子以前，中國歷史文化當已有兩千五百年以上之積累，而孔子集其大成。在孔子以後，中國歷史文化又復有兩千五百年以上之演進，而孔子開其新統。在此五千多年，中國歷史進程之指示，中國文化理想之建立，具有最深影響最大貢獻者，殆無人堪與孔子相比倫。

孔子生平言行，具載於其門人弟子之所記，復經其再傳三傳門人弟子之結集而成之《論語》一書中。其有關於政治活動上之大節，則備詳於《春秋左氏傳》。其他有關孔子言行及其家世先後，又散見於先秦古籍如《孟子》、《春秋公羊》、《穀梁傳》、《小戴禮記‧檀弓》諸篇，以及《世本》、《孔子家語》等書者，當尚有三十種之多。最後，西漢司馬遷《史記》采集以前各書材料成〈孔子世家〉，是為記載孔子生平首尾條貫之第一篇傳記。

然司馬遷之〈孔子世家〉，一則選擇材料不謹嚴，真偽雜糅。一則編排材料多重複，次序顛

倒。後人不斷加以考訂，又不斷有人續為孔子作新傳，或則失之貪多無厭，或則失之審覈不精，

終不能於《孔子世家》以外別成一愜當人心之新傳。

本書綜合司馬遷以下各家考訂所得，重為孔子作傳。其最大宗旨，乃在孔子之為人，即其所

自述所謂「學不厭、教不倦」者，而尋求孔子畢生為學之日進無疆，與其教育事業之博大深微為

主要中心，而政治事業次之。因孔子在中國歷史文化上之主要貢獻，厥在其自為學與其教育事業

之兩項。後代尊孔子為至聖先師，其意義即在此。故本書所採材料亦以《論語》為主。凡屬孔子

之學術思想，悉從其所以自為學與其教育事業之所至為主要中心。孔子畢生志業，可以由此推見。

而孔子之政治事業，則為其以學以教之當境實踐之一部分。雖事隔兩千五百年，孔子之政治事業

已不足全為現代人所承襲，然在其政治事業之背後，實有其以學以教之當境實踐之一番精神，為

孔子學術思想以學以教有體有用之一種具體表現。欲求孔子學術思想之篤實深厚處，此一部分亦

為不可忽。

孔子生平除其自學與教人與其政治事業外，尚有著述事業一項，實當為孔子生平事業表現中

較更居次之第三項。在此一項中，其明白可徵信者，厥惟晚年作《春秋》一事。其所謂訂《禮》、

《樂》，事過境遷，已難詳說，並已逐漸失卻其重要性。至於刪《詩》、《書》，事並無據。贊《周

易》則更不足信。

以上關於孔子之學與教，與其政治事業、著述事業三項層次遞演之重要性，及其關於著述方面之真偽問題，皆據《論語》一書之記載而為之判定。漢儒尊孔，則不免將此三項事業之重要性首尾倒置。漢儒以《論語》列於小學，與《孝經》《爾雅》並視，已為不倫。而重視五經，特立博士，為國家教育之最高課程，因此以求通經致用，則乃自著述事業遞次及於政治事業，而在孔子生平所最重視之自學與教人精神，則不免轉居其後。故在漢代博士發揚孔學方面，其主要工作乃轉成為對古代經典之訓詁章句，此豈得與孔子之述而不作同等相擬。則無怪乎至於東漢，博士皆倚席不講，而太學生清議遂招致黨錮之禍，而直迄於炎漢之亡。此下莊老釋氏迭興並盛，雖唐代崛起，終亦無以挽此頹趨。此非謂《詩》、《書》、《禮》、《易》可視為與儒學無關，乃謂孔子畢生精神，其所謂學不厭、教不倦之真實內容，終不免於忽視耳。

宋代儒學復興，乃始於孔子生平志業之重要性獲得正確之衡定。學與教為先，而政治次之，著述乃其餘事。故於五經之上，更重四書，以孟子繼孔子而並稱，代替了漢唐時代以孔子繼周公而齊稱之舊規。此不得不謂乃宋儒闡揚孔子精神之一大貢獻。宋儒理學傳統迄於明代之亡而亦衰。清儒反宋尊漢，自標其學為漢學，乃從專治古經籍之訓詁考據而墮入故紙堆中，實並不能如漢唐儒之有意於通經致用，尚能在政治上有建樹。而孔子生平最重要之自學與教人之精神，清儒更所不瞭。下及晚清末運，今文公羊學驟起，又與乾嘉治經不同。推其極，亦不過欲重返之於如漢唐所

儒之通經而致用，其意似乎欲憑治古經籍之所得為根據，而以興起新政治。此距孔子生平所最重視之自學與教人精神，隔離仍遠。人才不作，則一切無可言。學術錯誤，其遺禍直迄於民國創興以來之六十年，中共邪說獲得乘虛而起。今者痛定思痛，果欲復興中國文化，不得不重振孔子儒家傳統，而闡揚孔子生平所最重視之自學與教人精神，實尤為目前當務之急。本書編撰，著眼在此。爰特揭發於序言中，以期讀者之注意。

本書為求能獲國人之廣泛誦讀，故篇幅力求精簡。凡屬孔子生平事蹟，經歷後人遞述，其間不少增益失真處，皆一律刪削。本書寫作之經過，其用心於刊落不著筆處，實尤勝過於下筆寫入處。凡經前人辯論，審定其為可疑與不可信者，本書皆更不提及，以求簡淨。亦有不得盡略者，則於正文外別附疑辨二十五條，措辭亦力求簡淨，只略指其有可疑與不可信而止，更不多及於考證辨訂之詳。作者舊著《先秦諸子繫年》之第一卷，多於孔子事蹟有所疑辨考訂，本書只於疑辨諸條中提及《繫年》篇名，以便讀者之參閱，更不再事摘錄。

自宋以來，關於孔子生平事蹟之考訂辨證，幾於代有其人，而尤以清代為多。綜計宋元明清四代，何止數十百家。本書之寫定，皆博稽成說，或則取其一是，捨其諸非。或則酌采數說，會成一是。若一一詳其依據人名、書名、篇名及其所以為說之大概，則篇幅之增，當較今在十倍之上。今亦盡量略去，只寫出一結論。雖若有掠美前人之嫌，亦可免炫博誇多之譏。

清儒崔述有《洙泗考信錄》及《續錄》兩編，為考訂辨論孔子生平行事諸家中之尤詳備者。

其書亦多經後人引用。惟崔書疑及《論語》，實其一大失。若考孔子行事，並《論語》而疑之，則

先秦古籍中將無一書可奉為可信之基本，如此將終不免於專憑一己意見以上下進退兩千年前之古

籍，實非考據之正規。本書一依《論語》為張本，遇《論語》中有可疑處，若崔氏所舉，必博徵

當時情實，善為解釋，使歸可信，不敢輕肆疑辨。其他立說亦有超出前人之外者，然亦不敢自標

為作者個人之創見。立說必求有本，羣說必求相通，述而不作，信而好古，亦竊願以此自附於孔

子之垂誨。

作者在民國十四年曾著《論語要略》一書，實為作者根據《論語》為孔子試作新傳之第一書。

民國二十四年有《先秦諸子繫年》一書，凡四卷，其第一卷乃為孔子生平行事博引諸家，詳加考

辨，所得近三十篇。民國五十二年又成《論語新解》，備採前人成說，薈粹為書，惟全不引前人人

名、書名、篇名及其為說之詳，惟求提要鈎玄，融鑄為作者一家之言，其體例與今書相似。惟《新

解》乃就《論語》全書逐條逐字解釋，重在義理思想方面，而於事蹟之考訂則缺。本書繼三書而

作，限於體裁有別，於孔子學術思想方面僅能擇要涉及，遠不能與《新解》相比。但本書見解亦

有越出於以上三書之外者，他日重有所獲不可知，在此四書中見解儻有相異，暫當以本書為定。

讀者儻能由此書進而涉及上述三書，則尤為作者所私幸。

本書作意，旨在能獲廣泛之讀者，故措辭力求簡淨平易，務求免於艱深繁博之弊。惟恨行文不能盡求通俗化。如《論語》、《左傳》、《史記》以及其他先秦古籍，本書皆引錄各書原文，未能譯為白話。一則此等原文皆遠在兩千年以上，乃為孔子作傳之第一手珍貴材料，作者學力不足，若一一將之譯成近代通行之白話，恐未必能盡符原文之真。若讀者愛其易讀，而不再進窺古籍，則所失將遠勝於所得，此其一。又孔子言行，義理深邃，讀者苟非自具學問基礎，縱使親身經歷孔子之耳提面命，亦難得真實之瞭解，此其二。又孔子遠在兩千五百年之前，當時之列國形勢、政治實況、社會詳情，皆與兩千五百年後吾儕所處之今日大相懸隔。吾儕苟非略知孔子當年春秋時代之情形，自於孔子當時言行不能有親切之體悟，此其三。故貴讀此書者能繼續讀《論語》以及其他先秦古籍，庶於孔子言行與其所以成為中國歷史上之第一大聖人者，能不斷有更深之認識。且莫謂一讀本書，即可對瞭解孔子盡其能事。亦莫怪本書之未能更致力於通俗化，未能使人人一讀本書而盡獲其所欲知，則幸甚幸甚。

本書開始撰寫於民國六十二年之九月，稿畢於六十三年之二月。三月入醫院，為右眼割除白內障，四月補此序。

中華民國六十三年四月錢穆識於臺北外雙溪之素書樓

第一章　孔子的先世

一、弗父何

孔子的先世是商代的王室。周滅商，周成王封微子啓於宋，遂從王室轉成為諸侯。四傳至宋湣公，長子弗父何，次子鮒祀。湣公不傳子而傳弟，是為煬公。兄終弟及本是商代的制度。但當時已盛行父子相傳，鮒祀弒其叔父煬公，欲其兄弗父何為君。但弗父何若為君，當治其弟弒君之罪，在家庭間又增悲劇，因此弗父何讓不受。其弟鮒祀立，是為厲公。弗父何仍為卿。孔子先世遂由諸侯家又轉為公卿之家。直到孔子時，魯國孟僖子尚說孔子乃聖人之後，因弗父何以有宋而授厲公。

二、正考父

弗父何曾孫正考父，輔佐宋戴公、武公、宣公，皆為上卿。但正考父不自滿假，每一受命，益增其恭。又自奉甚儉。嘗為鼎銘，曰：

一命而僂，再命而傴，三命而俯，循牆而走，亦莫敢余侮。饘於是，粥於是，以餬余口。

這真是一有修養的人。

三、孔父嘉

正考父生孔父嘉。孔父是其字，嘉是其名。因獲賜族之典，其後代以其先人之字為氏，乃曰孔氏。孔父嘉為孔子之六代祖。

宋宣公傳其弟為穆公，孔父嘉為大司馬。穆公又傳其兄宣公之子為殤公，孔父嘉受遺命佐助嗣君。華父督欲弒君，遂先殺孔父嘉。

四、孔防叔

孔父嘉曾孫曰孔防叔，畏華氏之逼，始奔魯。為防大夫，故曰防叔。魯有東防西防，防叔所治為東防，在今費縣東北。

孔氏本為宋貴卿。或說孔父被殺，孔氏即失卿位，其子即奔魯。或說孔父死後，孔氏卿位尚存，至防叔始奔魯。恐當以後說為是。孔氏奔魯後，卿位始失。但亦不即為受地而耕之平民。在當時，貴族平民之間尚有新興之士族，或是貴族後裔之疏遠者，或是貴族之破落者，與夫平民中之俊秀子弟，因其學習當時貴族階級禮樂射御書數諸藝，而得進身於貴族階層中當差服務，受祿養以為生。此等士族，各國皆有，而魯為盛。孔防叔在魯，其身分亦為一士。其為大夫亦只受祿，不得與封地世襲者相比。至是，孔子先世遂又由貴族公卿家轉為士族之家。

五、叔梁紇

孔防叔之孫曰叔梁紇，因為魯郰邑大夫，亦稱郰叔紇。郰字亦作鄹、作陬，又作鄒，乃邑名，非國名，與鄒國之鄒異。

叔梁紇武力絕倫，在當時以勇稱。

《左傳·襄公十年》：

晉人圍偪陽。偪陽人啓門，諸侯之士門焉。縣門發，郰人紇抉之以出門者。

偪陽城門有兩重，一晨夕開闔之門。又別為一門，高懸在上。偪陽人開其晨夕開闔之門，誘攻者進入城，乃放懸門而下之，阻絕進者使不得出，未進入者不得入。叔梁紇多力，抉舉其懸門，使不墜及於地，使在內者得復出。

叔梁紇為孔子父。

第二章　孔子之生及其父母之卒

一、孔子之母

叔梁紇娶魯之施氏，生九女，無子。有一妾，生男曰孟皮，病足，為廢人。乃求婚於顏氏。顏氏姬姓，與孔氏家同在陬邑尼丘山麓，相距近，素相知。顏氏季女名徵在，許配叔梁紇，生孔子。

疑辨一

《史記》稱叔梁紇與顏氏女禱於尼丘，野合而生孔子。此因古人謂聖人皆感天而生，

猶商代先祖契，周代先祖后稷，皆有感天而生之神話。又如漢高祖母劉媼，嘗息大澤之陂，夢與神遇，遂產高祖。所云野合，亦猶如此。欲神其事，乃誣其父母以非禮，不足信。至謂叔梁老而徵在少，非婚配常禮，故曰野合，則是曲解。又前人疑孔子出妻，實乃叔梁紇妻施氏因無子被出。孟皮乃妾出，顏氏女為續妻，孔子當正式為後。語詳江永《鄉黨圖考》。

二、孔子生平

孔子生於魯襄公二十二年，亦有云生於魯襄公二十一年者。其間有一年之差。兩千年來學人各從一說，未有定論。今政府規定孔子生年為魯襄公二十二年，並推定陽曆九月二十八日為孔子之誕辰，今從之。

關於孔子生年之辨，詳拙著《先秦諸子繫年》卷一〈孔子生年考〉，亦定孔子生魯襄公二十二年。

三、孔子父母卒年

孔子生於魯昌平鄉陬邑，因叔梁紇為陬大夫，遂終居之也。

孔子名丘，字仲尼。因孔子父母禱於尼丘山而得生，故以為名。

孔子生，其父叔梁紇即死，但不知其歲。或云：孔子年三歲。

孔子母死，亦不知其年。或云：孔子二十四歲母卒，不可信。《史記・孔子世家》記孔子母卒在孔子十七歲前，當是。

〈檀弓〉云：

孔子少孤，不知其墓，殯於五父之衢。人之見之者，皆以為葬也。其慎也，蓋殯也。問於鄒曼父之母，然後得合葬於防。

孔子父叔梁紇葬於防，其時孔子年幼，縱或攜之送葬，宜乎不知葬處。又古人不墓祭，歲時僅在家祭神主，不特赴墓地。又古人墳墓不封、不樹、不堆土、不種樹，無可辨認。孔氏乃士族，家微，更應如此。故孔子當僅知父墓在防，而不知其確切所在。及母卒，孔子欲依禮合葬其父母，

乃先淺葬其母於魯城外五父之衢。而葬事謹慎周到，見者認為是正式之葬，乃不知其是臨時淺葬。

故曰蓋殯也，非葬也。郰曼父《史記》作輓父，輓是喪車執紼者，蓋其人親預孔子父之喪事，故知其葬地，其母以告孔子。此事距孔子母死又幾何時則不詳。時孔子尚在十七歲以前，而其臨事之慎密已如此。

今不從。

此事亦多疑辨，然主要在疑孔子不當不知其父葬處，此乃以後代社會情況推想古代。

第三章　孔子之早年期

一、孔子之幼年

《史記·孔子世家》：

孔子為兒嬉戲，常陳俎豆，設禮容。

孔子生士族家庭中，其家必有俎豆禮器。其母黨亦士族，在其鄉黨親戚中宜尚多士族。為士者必習禮。孔子兒時，耳濡目染，以禮為嬉，已是一士族家庭中好兒童。

二、孔子十五志學

孔子自曰：

吾十有五而志於學。（二）（此指《論語》篇目次第，下全）

孔子幼年期之教育情況，其詳不可知。當時士族家庭多學禮樂射御書數六藝，以為進身謀生之途，是即所謂儒業。《說文》：「儒，術士之稱。」術士即猶言藝士也。儒乃當時社會一行業，一名色，已先孔子而有。即叔梁紇、孔防叔上不列於貴族，下不儕於平民，亦是一士，其所業亦即是儒。惟自孔子以後，而儒業始大變。孔子告子夏：「汝為君子儒，毋為小人儒。」（六）可見儒業已先有。惟孔子欲其弟子為道義儒，勿僅為職業儒，其告子夏者即此意。

孔子又曰：

三年學，不志於穀，不易得也。（八）

可見其時所謂學，皆謀求進身貴族階層，得一職業，獲一分穀祿為生。若僅止於此，是即孔子所謂之小人儒。孔子之為學，乃從所習六藝中，探討其意義所在，及其源流演變，與其是非得失之判，於是乃知所學中有道義。孔子之所謂君子儒，乃在其職業上能守道義，以明道行道為主。不合道則寧棄職而去。此乃孔子所傳之儒學。自此以後，儒成一學派，為百家講學之開先，乃不復是一職業矣。孔子自謂十有五而志於學，殆已於此方面知所趨向，並不專指自己對儒者諸藝肯用工學習言。

〈檀弓〉：

孔子既祥五日，彈琴而不成聲，十日而成笙歌。

父母之喪滿一年為小祥，滿兩年為大祥，皆有祭。此當指母卒大祥之祭。時孔子尚在少年，然已禮樂斯須不去身。此見孔子十五志學後精神。

三、孔子初仕

士族習儒業為出仕，此乃一家生活所賴。孔子早孤家貧，更不得不急謀出仕。

《孟子》：

孔子嘗為委吏矣，曰會計當而已矣。嘗為乘田矣，曰牛羊茁壯長而已矣。

職務。

孔子自曰：

吾少也賤，故多能鄙事。（九）

《家語》：

委吏乃主管倉庫委積之事，乘田乃主管牛羊放牧蕃息之事。當時貴族家庭即任用儒士來任此等

為委吏必料量升斗，會計出納。為乘田必晨夕飼養，出放返繫。此等皆鄙事。孔子以早年地位卑
賤，故多習此等事。

孔子年十九，娶於宋幵官氏，一歲而生伯魚。伯魚之生也，魯昭公以鯉賜孔子。榮君之貺，

故名曰鯉而字伯魚。

幵官氏亦在魯，見魯相韓勅造〈孔廟禮器碑〉。云宋幵官氏，則亦如孔氏，其家乃自宋徙魯。古者國君諸侯賜及其下，事有多端。或逢魯君以捕魚為娛，孔子以一士參預其役，例可得賜。而適逢孔鯉之生。不必謂孔子在二十歲前已出仕，故能獲國君之賜。以情事推之，孔子始仕尚在後。

《左傳·昭公十七年》秋，郯子來朝，昭子問少皞氏官名云云，仲尼聞之，見於郯子而學之。是歲孔子年二十七，其時必已出仕，故能見異國之君。故知孔子出仕當在此前。

禮也？」（三）

子入太廟，每事問。或曰：「孰謂鄹人之子知禮乎？入太廟，每事問。」子聞之，曰：「是禮也？」（三）

此事不知在何年？然亦必已出仕，故得入太廟充助祭之役。見稱曰「鄹人之子」者，其時尚年少，當必在三十前。然其時孔子已以知禮知名，故或人譏之。「是禮也」，應為反問辭。孔子聽或人之言，反問說：「即此便是禮嗎？」蓋其時魯太廟中多種種不合禮之禮。如三家之以雍徹，孔子曰：「『雍之歌，何取於三家之堂？』」（三）此乃明斥其非禮。但在孔子初入太廟時，年尚少，位尚卑，

明知太廟中種種非禮，不便明斥，遂只裝像不知一般，問此陳何器？此歌何詩？其意欲人因此反省，知此器不宜在此陳列，此詩不宜在此歌頌。特其辭若緩，而其意則峻。若僅是知得許多器物歌詩，習得許多禮樂儀式，徒以供當時貴族奢僭失禮之役使，此乃孔子所謂僅志於穀之小人儒。必當明得禮意，求能矯正當時貴族之種種奢僭非禮者，乃始得為君子儒。孔子十五志學，至其始出仕，已能有此情意，達此境界，此遠與當時一般人所想像之所謂知禮不同，則宜乎招來或人之譏矣。

孔子又自曰：

十有五而志於學，三十而立。（二）

知孔子之學，非追隨時代之風氣，志在求業而學。若是追隨時代，志在求業，此非可謂之志於學。孔子之志於學，乃是一種超越時代，會通古今之學。孔子在十五之幼年，而已於此有所窺見而有志尋求，可謂卓乎不倫矣。三十而立者，孔子至於三十，乃確乎卓然有立，獨立不倚，強立不反。自知其所學之有成，而不隨眾為俯仰。此一進程，正可於子入太廟之一節記載中覘其梗概。

第四章　孔子之中年期

一、孔子授徒設教

孔子少年出仕，可考者僅知其曾為委吏與乘田，其歷時殆不久。孔子年過三十，殆即退出仕途，在家授徒設教，至是孔子乃成為一教育家。其學既非當時一般士人之所謂學，其教亦非當時一般士人之所為教，於是孔子遂成為中國歷史上特立新創的第一個以教導為人大道為職業的教育家。後世尊之曰「至聖先師」。

孔子自曰：

自行束脩以上，吾未嘗無誨焉。（七）

當時人從師求學禮樂射御書數諸藝，以求仕進獲穀祿者已多。從師必有贄見禮，求學亦必有學費。束脩乃一束乾肉，乃童子見師之禮，為禮中之最薄者。自此以上，弟子求學各視其家之有無，對師致送敬儀，如近代之有學費，厚薄不等，而為師者即可藉此為生。故孔子自開始授徒設教後，即不復出仕。而在其日常生活中，比較有更多之自由。論其職業性，又比較有獨立之地位。

《左傳·昭公二十年》：

衛齊豹殺孟縶，宗魯死之，琴張將往弔。仲尼曰：「齊豹之盜而孟縶之賊，女何弔焉？」

是年，孔子年三十一。琴張乃孔子弟子，殆在當時已從遊。知孔子三十歲後即授徒設教。

《左傳·昭公七年》：

公至自楚，孟僖子病不能相禮，乃講學之。苟能禮者從之。及其將死也，召其大夫曰：

「禮，人之幹也。無禮無以立。吾聞將有達者曰孔丘，聖人之後也。我若獲沒，必屬說與

何忌於夫子，使事之而學禮焉，以定其位。」故孟懿子與南宮敬叔師事仲尼。

此時貴族階級既多奢僭違禮，同時又多不悅學，不知禮。孟僖子相魯君過鄭至楚，在種種禮節上多不能應付，歸而深自悔憾。其卒在昭公二十四年，時孔子年三十五，授徒設教已有聲譽，故孟僖子亦聞而知之。臨死，乃遺命其二子往從學禮。說為南宮敬叔，何為孟懿子，兩人同生於昭公十二年，或是一母雙生。其父之卒，兩人皆年僅十三，未必即前往孔子所從學。至二人在何年往從孔子，今已不可考。其時孔子所講之禮，多主裁抑當時貴族之奢僭非禮，然當時貴族乃並不以孔子為忤，並羣致敬意。至如孟僖子之命子從學，則尤為少見。此層亦為論孔子時代者所當注意。

二、孔子適齊

《左傳·昭公二十五年》：

將禘於襄公，萬者二人，其眾萬於季氏。

禘是大祭，萬是舞名。業此舞者，是日，皆往季氏之私廟，而公家廟中舞者僅得兩人。其時季孫

氏驕縱無禮，心目中已更無君上，而昭公亦不能復忍。君臣起釁，昭公遂奔齊。

孔子謂季氏：

八佾舞於庭，是可忍也，孰不可忍也？（三）

佾是舞列。八佾者，以八人為一佾，八八六十四人。此章所斥，或即魯昭公二十五年事。孰不可忍者，謂逐君弒君在季氏皆可忍為之也。或說：季氏如此無君，猶可忍而不治，則將為何等事，乃始不可忍而治之乎？是孔子已推知季氏有逆謀，魯國將亂，其發為此言，固不僅為季氏之僭越而已。較之子入太廟一章所載語氣意態大不相同，見道愈明，出辭愈厲。此亦可見孔子三十而立後之氣象。

《史記·孔子世家》：

季平子得罪魯昭公，昭公率師擊平子，平子與孟氏叔孫氏三家共攻昭公。昭公師敗，奔於齊。齊處昭公乾侯。其後頃之，魯亂，孔子適齊。

是年，孔子年三十五。其適齊，據《史記》，乃昭公被逐後避亂而去。或說在昭公被逐前見幾先

作，今不可定。

子在齊聞韶，三月不知肉味。曰：「不圖為樂之至於斯也。」（七）

《史記·孔子世家》：

與齊太師語樂，聞韶音，學之，三月不知肉味。

韶相傳是舜樂。一說舜後有遂國，為齊所滅，故齊得有韶。或說陳敬仲奔齊，陳亦舜後，敬仲攜

韶樂而往，故齊有之。《史記》三月上有「學之」二字，蓋謂孔子聞韶樂而學之，凡三月。在孔子

三月學韶之期，心一於是，更不他及，遂並肉味而不知。孔子愛好音樂心情之深摯與其向學之沉

潛有如此。若謂孔子一聞韶音，乃至三月不知肉味，則若其心有滯，亦不見孔子遇事好學之殷。

故知《論語》此章文簡，必加《史記》釋之為允。

孔子自曰：

志於道，據於德，依於仁，游於藝。（七）

藝即禮樂射御書數。當時之學，即在此諸藝。惟孔子由藝見道，道德心情與藝術心情兼榮並茂，兩者合一，遂與當時一般儒士之為學大不同。孔子曾問官於郯子，學琴於師襄。其學琴師襄之年不可考，但孔子於音樂有深嗜，有素養，故能在齊聞韶而移情學之如是。子貢曰：「夫子焉不學，而亦何常師之有。」（十九）其學韶三月，亦必有師。其與齊太師語樂，齊太師或即其學韶之師耶？

齊景公問政於孔子，孔子對曰：「君君、臣臣、父父、子子。」公曰：「善哉！信如君不君、臣不臣、父不父、子不子，雖有粟，吾得而食諸？」（十二）

孔子乃魯國一士，流寓來齊，而齊景公特予延見，並問以為政之道。此見當時孔子已名聞諸侯，而當時貴族階層雖已陷崩潰之前期，然猶多能禮賢下士，虛懷問道，亦見在當時吾先民歷史文化積累之深厚。時齊景公失政，大夫陳氏厚施於國，景公又多內變，不立太子，故孔子告以為君當盡君道，為臣當盡臣道，為父當盡父道，為子當盡子道。語氣若平和，但為君父者不盡君父之道，

如何使臣子盡臣子之道？孔子之言，乃告景公當先盡己道也。景公悅孔子言而不能用，其後果以繼嗣不定，啓陳氏弒君簒國之禍。

子禽問於子貢曰：「夫子至於是邦也，必聞其政。求之與，抑與之與？」子貢曰：「夫子溫良恭儉讓以得之。夫子之求之也，其諸異乎人之求之與！」（一）

溫良恭儉讓五字，描繪出孔子盛德之氣象，光輝照人，易得敬信，時君自願以政情就問之。但若真欲用孔子，則同時相背之惡勢力必羣起沮之。故孔子之道亦遂終身不行，其情勢已於在齊之期見其端。

齊景公待孔子，曰：「若季氏，則吾不能，以季孟之間待之。」曰：「吾老矣，不能用也。」孔子行。（十八）

此章齊景公兩語，先後異時。先見孔子而悅之，私下告人，欲以季孟之間待孔子。是欲以卿禮相待也。後志不決，意轉衰怠，乃曰：「吾老矣，不能用。」時景公年在五十外，自稱老，其無奮

發上進之氣可知。故孔子聞之而行。

《孟子》：

孔子之去齊，接淅而行，去他國之道也。

孔子適齊，事迹可考信者惟此。尚有孔子適齊為高昭子家臣，又景公將以尼谿田封孔子，晏嬰沮之諸説，前人競致疑辨。其他不可信之説尚多，今俱不列。

三、孔子反魯

〈檀弓〉：

延陵季子適齊，於其反也，其長子死，葬於嬴博之間。孔子曰：「延陵季子，吳之習於禮者也。」往而觀其葬焉。

吳季札適齊在魯昭公二十七年，事見《左傳》。嬴博間近魯境，孔子蓋自魯往觀。孔子以昭公二十五年適齊，二十七年又在魯，蓋在齊止一年。或說孔子留齊七年，或說孔子曾三至齊，皆不可信。

吳季札當時賢人，孔子往觀其葬子之禮，亦所謂無不學而何常師之一例。

或謂孔子曰：「子奚不為政？」子曰：「書云：『孝乎惟孝，友于兄弟。』施於有政，是亦為政。奚其為為政？」（二）

孔子以六藝教，此本當時進仕之階。孔子既施教有名，故時人皆期孔子出仕。但在孔子之意，出仕為政，乃所以行道。其他一切人事亦皆所以行道。家事亦猶國事，果使出仕為政而不獲行道，則轉不如居家孝友猶得行道之為愈。其答或人之問，見其言緩意峻。此章或在適齊前，或在自齊返魯後，不可定。

孔子自言，十有五而志於學，即是有志學此道。三十而立，即能立身此道。又言四十而不惑，即是於此道不復有所惑。世事之是非得失，吾身之出處進退，聲名愈聞，則交涉愈廣，情況愈複雜，而關係亦愈大，在孔子則是見道愈明，而守道愈篤，故不汲汲於求出仕也。

孔子又曰：

加我數年，五十以學，亦可以無大過矣。（七）

此章當在孔子年近五十時。皇侃曰：「當孔子爾時，年已四十五、六。」此無確據，但亦近似。孔子教學相長，其設教之期即其進學之期。孔子亦自知譽望日高，魯亂日迫，形勢所趨，終不能長日閉門不一出仕。乃自望於五十前猶能於學養上更有進，他日出任大事，庶可無過。此指出仕行道言，非謂四十不惑以後，居家設教，猶不免有大過也。

此章亦字或作易，遂有孔子五十學《易》之說，此事前人疑辨亦多，語詳拙著《先秦諸子繫年·孔門傳經辨》。

《史記·孔子世家》：

孔子不仕，退而修詩書禮樂，弟子彌眾，至自遠方，莫不受業焉。

孔子自齊返魯，下至其出仕，尚歷十三、四年。若以三十後始授徒設教計之，前後共近二十年。

此為孔子第一期之教育生涯。其前期弟子中著名者，有顏無繇、仲由、曾點、冉伯牛、閔損、冉求、仲弓、宰我、顏回、高柴、公西赤諸人。

子路、曾皙、冉有、公西華侍坐。子曰：「以吾一日長乎爾，毋吾以也。居則曰不吾知也。如或知爾，則何以哉？」子路率爾而對曰：「千乘之國，攝乎大國之間，加之以師旅，因之以饑饉，由也為之，比及三年，可使有勇，且知方也。」夫子哂之。「求爾何如？」對曰：「方六七十，如五六十，求也為之，比及三年，可使足民。如其禮樂，以俟君子。」「赤爾何如？」對曰：「非曰能之，願學焉。宗廟之事，如會同，端章甫，願為小相焉。」「點爾何如？」鼓瑟希，鏗爾，舍瑟而作。對曰：「異乎三子者之撰。」子曰：「何傷乎！亦各言其志也。」曰：「莫春者，春服既成，冠者五六人，童子六七人，浴乎沂，風乎舞雩，詠而歸。」夫子喟然歎曰：「吾與點也。」三子者出，曾皙後。曾皙曰：「夫三子者之言何如？」子曰：「亦各言其志也已矣。」曰：「夫子何哂由也？」曰：「為國以禮，其言不讓，是故哂之。」「唯求則非邦也與？」「安見方六七十，如五六十，而非邦也者？」「唯赤則非邦也與？」「宗廟會同，非諸侯而何？赤也為之小，孰能為之大？」（十一）

此章可見當時孔門師弟子講學懽情之一斑。子路少孔子九歲。曾晳，曾參父，或較子路略年幼。故記者序其名次後於子路。冉有少孔子二十九歲。公西華最年輕，少孔子三十二歲。此章問答應在孔子五十出仕前。孔門講學本在用世，故有如或知爾之問。子路長治軍，冉有長理財，公西華長外交禮節，三人所學各有專長，可備世用。孔子聞三子之言，其樂可知。然孔子則寄慨於道大而莫能用，深惜三子者之一意於進取，而或不遇見用之時，乃特賞於曾晳之放情事外，能從容自得樂趣於日常之間也。

（七）

子曰：「飯疏食、飲水，曲肱而枕之，樂亦在其中矣。不義而富且貴，於我如浮雲。」

此章可見孔子當時生事甚困，然終不改其樂道之心。如曾點寄心事外，乃必有待於暮春之與春服，冠者之與童子，浴沂之與風雩，須遇可樂之境與可樂之事以為樂。而孔子則樂無不在，較之曾點為遠矣。自後惟顏淵為庶幾。可見孔子當時與點一歎，乃為別有心情，別有感慨，特為子路、冉有、公西華言之，使之寬其胸懷，勿汲汲必以用世為務也。

子曰：「道不行，乘桴浮於海，從我者其由與！」子路聞之喜。子曰：「由也好勇過我，無所取材。」（五）

道在我，雖飯疏飲水亦可樂。道不行，其事可傷可歎，亦非浴沂風雩之可解。當時凡來學於孔子之門者，皆有意於用世，然未必皆有志於行道。孔子與點之歎，為諸弟子之汲汲有意用世而歎也。此章乘桴之歎，則為道不行而歎。道不行於斯世，乃欲乘桴浮海，若曾點則迹近莊老矣。然乘桴浮海亦待取竹木之材以為桴，而此等材料亦復無所取，此所以為孔子所歎之深矣。子路雖汲汲用世，然孔子若決心浮海，子路必勇於相從。當時孔子師弟子之心胸意氣，亦可於此參之。

子欲居九夷。或曰：「陋，如之何？」子曰：「君子居之，何陋之有？」（九）

居夷之想，亦猶浮海之想也。皆為道不行，而寄一時之深慨。此皆孔子抱道自信之深，傷時之殷，憂世之切而有此，非漫爾興歎也。

顏淵、季路侍。子曰：「盍各言爾志！」子路曰：「願車馬，衣輕裘，與朋友共，敝之而無憾。」顏淵曰：「願無伐善，無施勞。」子路曰：「願聞子之志。」子曰：「老者安之，朋友信之，少者懷之。」（五）

顏淵，顏無繇之子，少孔子三十歲，亦少子路二十一歲。在孔子前期教育中及門較晚。孔子於前期弟子中，若惟子路、顏淵最所喜愛。某日者，遇其同侍，因使各言爾志。後來《論語》記者以他日顏淵成就尤勝子路，故本章序顏淵於子路之上。就當時論，顏淵尚不滿二十歲，而子路則其父執也。子路率爾先對，願能以財物與朋友相共，而無私己之意。顏淵則能自財物進至於德業。己有善，不自誇伐。有勞於人，不自感由我施之。盡其在我，而泯於人我之迹。此與子路實為同一心胸、同一志願，而所學則見其彌進矣。至孔子，則不僅願其在己心中只此人我一體之仁。即在與己相處之他人，亦願其同在此仁道中，同達於化境，不復感於彼與我之有隔。在我則老者養之以安，而老者亦安我之養。朋友交之以信，而朋友亦信我之交。幼者懷之以恩，而幼者亦懷我之恩。其實孔子此種心胸志願，亦仍與子路、顏淵相同，只見其所學之益進而已。若使孔子此志此道能獲在政治上施展，則誠有如子貢所言：「夫子之得邦家，立之斯立，道之斯行，綏之斯來，

動之斯和。」（十九）孔子抱斯道於己，豈有不期其大行於世。上引諸章，殆皆在孔子五十出仕前，其生活之清淡及其師弟子間講學心情之真摯而活潑，事隔逾兩千年，皆可躍然如見。

第五章　孔子五十歲後仕魯之期

一、孔子出仕之前緣

《史記·孔子世家》：

桓子嬖臣仲梁懷，與陽虎有隙。陽虎執懷，囚桓子，與盟而醳之。陽虎益輕季氏。

陽虎為季氏家臣，其囚季桓子事，詳見《左傳·定公五年》。季氏為魯三家之首，執魯政，而其家臣陽虎乃生心叛季氏。孔子素主裁抑權臣，其於季氏有是可忍孰不可忍之歎。陽虎既欲叛季氏，

乃欲攀援孔子以自重。

陽貨欲見孔子，孔子不見。歸孔子豚。孔子時其亡也而往拜之，遇諸塗。謂孔子曰：「來！予與爾言。」曰：「懷其寶而迷其邦，可謂仁乎?」曰：「不可。好從事而亟失時，可謂知乎?」曰：「不可。日月逝矣，歲不我與。」孔子曰：「諾！吾將仕矣。」（十七）

《孟子》書亦記此事曰：

陽貨欲見孔子，而惡無禮。大夫有賜於士，不得受於其家，則往拜其門。陽貨瞰孔子之亡也而饋孔子蒸豚，孔子亦瞰其亡也而往拜之。

此陽貨即《左傳》、《史記》中之陽虎，蓋虎是其名。其時魯政已亂，陽貨雖為家臣，而權位之尊擬於大夫。孔子雖不欲接受其攀援，然亦不欲自背於當時共行之禮，乃瞰陽貨之亡而往答拜。塗中之語，辭緩意峻，一如平常，貨亦無奈之何。此事究在何時，不可知。但應在定公五年後。

《史記·孔子世家》：

定公八年，公山不狃不得意於季氏，因陽虎為亂，欲廢三桓之適，更立其庶孽陽虎素所善者。遂執季桓子。桓子詐之，得脫。

此事詳《左傳》。公山不狃為季氏私邑費之宰。內結陽虎，將享桓子於蒲圃而殺之。桓子知其謀，以計得脫。其事發於陽虎，不狃在外，陰構其事，而實未露叛形。

公山弗擾以費畔，召。子欲往，子路不說，曰：「末之也已！何必公山氏之之也！」子曰：「夫召我者，而豈徒哉？如有用我者，吾其為東周乎！」（十七）

弗擾即不狃，謂其以費畔，乃指其存心叛季氏。而孔子在當時講學授徒，以主張反權臣聞於時，故不狃召之，亦猶陽虎之欲引孔子出仕，以張大反季氏之勢力。孔子聞召欲往者，此特一時久鬱之心遇有可為，不能無動。因其時不狃反迹未著，而其不阿季氏之態度則已襮露，與人俱知。故孔子聞召，偶動其欲往之心。子路不悅者，其意若謂孔子大聖，何為下儕一家宰。但孔子心中殊不在此等上計較。故曰：「如有用我者，吾其為東周乎！」（十七）孔子自有一番理想與抱負，固不計用我者之為誰也。然而終於不往。其欲往，見孔子之仁。其終於不往，見孔子之知。

《史記‧孔子世家》：

孔子循道彌久，溫溫無所試。莫能己用。

此數語乃道出了孔子當時心事。

孔子曰：「天下有道，則禮樂征伐自天子出。天下無道，則禮樂征伐自諸侯出。自諸侯出，蓋十世希不失矣。自大夫出，五世希不失矣。陪臣執國命，三世希不失矣。天下有道，則政不在大夫。天下有道，則庶人不議。」（十六）

（十六）

孔子曰：「祿之去公室，五世矣。政逮於大夫，四世矣。故夫三桓之子孫，微矣。」

此引上一章，不啻統言春秋二百四十年間之世變，下一章專言魯公室與三家之升沉。孔子非於其間有私憤好，亦非謂西周盛時周公所定種種禮制，此下皆當一一恪遵不變。然而，此二百數十年

來之往事，則已昭昭在目。有道者如此，無道者如彼，吉凶禍福，判若列眉。孔子特抱一番行道救世之心。苟遇可為，不忍不出。其曰：「吾其為東周。」則孔子心中早有一番打算，早有一幅構圖，固非為維持周公之舊禮制於不變不壞而已。然而孔子則終於不出，不得已而終已，則其心事誠有難與人以共曉者。故亦不與弟子如子路輩詳言之也。

公山之召，其事應在定公之八年，時孔子已年五十。

孔子又曰：

吾五十而知天命。（二）

人當以行道為職，此屬天命。但天命人以行道，而道有不行之時，此亦是天命。陽貨、公山弗擾皆欲攀孔子出仕，而孔子終不出。若有可為之機，而終堅拒不為。蓋知此輩皆不足與謀，枉尺直尋，終不可直。孔子在五十前居家授徒，既已聲名洋溢，而孔子終於堅貞自守，高蹈不仕。然此尚在孔子三十而立，四十而不惑之階段。孔子五十以後，乃終於一出，其意態若由消極一轉而為積極，實則並非如此。孔子三十以後之家居授徒，早已是一種積極態度。所以若前後出處有轉變，此乃孔子由不惑轉進到知天命，在己則學養日深，而在人則更不易知。

孔子又曰：

人不知而不慍，不亦君子乎。（一）

如其欲赴公山弗擾之召而子路不悅，孔子實難以言辭披揭其內心之所蘊。吾道所在，既不能驟喻於吾朋，則亦惟有循循善誘教人不倦之一法，夫亦何慍之有。

疑辨 六

亦有疑陽貨、公山弗擾之事者。疑陽貨不得為大夫，疑公山弗擾並不以此年叛。但陽貨雖為季氏家臣，亦得儕於大夫之位，此即見季氏之擅魯。公山弗擾在當時雖無叛迹，而已有叛情，皆不必疑。

《史記·孔子世家》：

二、孔子為中都宰至為司空、司寇

大司寇。

定公九年，陽虎奔於齊。其後，定公用孔子為中都宰。一年，由中都宰為司空，由司空為

魯國既經陽虎之亂，三家各有所憬悟。在此機緣中，孔子遂得出仕。在魯君臣既有起用孔子之意，孔子亦遂翻然而出。其時孔子年五十一。在一年之間而升遷如此之速，則當時魯君與季氏其欲重用孔子之心情亦可見矣。

疑辨七

孔子為中都宰，其事先見於〈檀弓〉，又見於《孔子家語》。今傳《家語》乃王肅偽本，然司馬遷所見當是《家語》之原本。既此三書同有此事，應無可疑。魯國國卿，季氏為司徒，叔孫為司馬，孟孫為司空。孔子自中都宰遷司空，亦見《孔子家語》，應為小司空，屬下大夫之職。又遷司寇，《韓詩外傳》載其命辭曰：「宋公之子，弗甫何孫，魯孔邱，命爾為司寇。」此是命卿之辭。孔子至是始為卿職。史遷特稱為大司寇，明其非屬小司寇。則其前稱司空，乃屬小司空可知。史遷以前各書，如《左傳》、《孟子》、〈檀弓〉、《荀子》、《呂氏春秋》、《韓詩外傳》等，皆稱孔子為司寇，是即大司寇也。疑及孔子仕魯官職名位之差

錯者甚多，今以司空、司寇之大小分釋之，則事亦無疑。至於〈檀弓〉、《家語》載孔子為中都宰及司空時行事，或有可疑。但為時甚暫，無大關係可言，今俱不著。又《荀子》及他書又言孔子誅少正卯，其事不可信，詳拙著《先秦諸子繫年・孔子誅少正卯辨》。

三、孔子相夾谷

《左傳・定公十年》：

夏，公會齊侯於祝其，實夾谷，孔丘相。犁彌言於齊侯曰：「孔丘知禮而無勇，若使萊人以兵劫魯侯，必得志焉。」齊侯從之。孔丘以公退，曰：「士兵之！兩君合好，而裔夷之俘以兵亂之，非齊君所以命諸侯也。裔不謀夏，夷不亂華，俘不干盟，兵不偪好。於神為不祥，於德為愆義，於人為失禮。君必不然。」齊侯聞之，遽辟之。將盟，齊人加於載書，曰：「齊師出竟，而不以甲車三百乘從我者，有如此盟。」孔子使茲無還揖對，曰：「而不反我汶陽之田，吾以共命者，亦如之。」齊人來歸鄆讙龜陰之田。

此夾谷在山東泰安萊蕪縣。齊靈公滅萊，萊民播流在此。所謂相，乃為魯君相禮，於一切盟會之

儀作輔助也。春秋時，遇外交事，諸侯出境，相其君而行者非卿莫屬。魯自僖公而下，相君而出者皆屬三家，皆卿職也。如魯昭公如楚，孟僖子相，即其例。此次會齊於夾谷，乃由孔子相，此必孔子已為司寇之後。自魯定公七年後，齊景公背晉爭霸，鄭衛已服，而其時晉亦已衰，齊偪處。而此數年來兩國積怨日深，始是孔子力主和解，獻謀與齊相會。三家者懼齊強，恐遭挫辱，不敢行，乃以孔子當其衝。齊君臣果武裝萊人威脅魯君，以求得志，幸孔子以大義正道之言辭折服之。乃齊人復於臨盟前，在盟書上添加盟辭，責魯以小事大之禮，遇齊師有事出境，則魯必以甲車三百乘從行。當此時，拒之則盟不成，若勉為屈從，則喫眼前虧太大。孔子又臨機應變，即就兩國眼前事，陽虎以魯汶陽、鄆讙、龜陰之田奔齊，謂齊若不回歸此三地，則魯亦無必當從命之義。汶陽田本屬魯，齊納魯叛臣而有之。今兩國既言好，齊亦無必當據有此田之理由。孔子此時只就事言事，既不激昂，亦不萎弱，而先得眼前之利。即以此三地之田賦，亦足當甲車三百乘之供矣。

夾谷之會，其事又見於《穀梁傳》，有優施舞於魯君幕下，孔子使斬之，首足異門而出之語，恐其事不可信。又此次之會，似乃魯欲和解於齊，乃《史記·孔子世家》有齊大夫

犂鉏言於景公曰：「魯用孔丘，其勢危齊。」一若齊來乞盟於魯。過欲為孔子渲染，疑亦非當時情實。鄆讙龜陰之田皆在汶陽，本屬季氏。前一年陽虎以之奔齊，至是魯齊既言好，齊欲與晉爭霸，欲魯捨晉事齊，故歸此三地之田。既不為懼魯之用孔子，亦不為齊君自悔其會於夾谷之不義無禮而謝過，《左傳》記載甚明。過分渲染，欲為孔子誇張，反失情實，遂滋疑辨。但孔子之相定公會夾谷，其功績表現亦已甚著。後人依據《左傳》而疑《穀梁》與《史記》是也。若因《穀梁》與《史記》之記載失實而牽連並疑《左傳》，遂謂《左傳》所記亦並無其事，則更失之。今既無明確反證，即難否認《左傳》所記夾谷一會之詳情。

四、孔子墮三都

孔子為魯司寇，其政治上之表現有兩大事。其一為相定公與齊會夾谷，繼之則為其墮三都之主張。相夾谷在定公十年，墮三都在定公十二年。

《公羊傳‧定公十二年》：

孔子行乎季孫，三月不違。曰：「家不藏甲，邑無百雉之城。」於是帥師墮郈，帥師墮費。

《左傳・定公十二年》：

仲由為季氏宰，將墮三都。於是叔孫氏墮郈。季氏將墮費，公山不狃、叔孫輒帥費人以襲魯。公與三子入於季氏之宮，登武子之台。費人攻之，弗克。入及公側，仲尼命申句須、樂頎下伐之。費人北，國人追之，敗諸姑蔑。二子奔齊。遂墮費。將墮成，公斂處父謂孟孫：「墮成，齊人必至於北門。且成，孟氏之保障也；無成，是無孟氏也。子偽不知，我將不墮。」冬十二月，公圍成，弗克。

其時季氏專魯政。孔子出仕，由中都宰一年之中而驟遷至司寇卿職。雖曰出魯公之任命，實則由季氏之主張。孔子相夾谷之會，而齊人來歸汶陽之田，此田即季氏家宰叛季氏而挾以投齊者。由此季氏對孔子當益信重。而孔子弟子仲由乃得為季孫氏之家宰，則季氏之信任孔子，大可於此推見。《公羊傳》云：「三月不違。」三月已歷一季之久，言孔子於季孫氏可以歷一季之久而所言不相違。則凡孔子之言，季孫氏蓋多能聽從。故孟子曰：「孔子於季孫，為見行可之仕。」言孔子得季孫氏信任，見為可以明志行道也。然孔子當時所欲進行之大政事，首先即為剝奪季孫氏以及孟孫、叔孫氏三家所獲之非法政權，以重歸之於魯公室。此非孔子欲謀不利於三家，孔子特欲子得季孫氏信任

為三家久遠之利而始有此主張。故孔子直告季孫，謂依古禮，私家不當藏兵甲。私家之封邑，其城亦不得逾百雉。孔子以此告季孫氏，正如與虎謀皮。然季孫氏亦自懷隱憂。前在昭公時，南蒯即曾以費叛。及陽虎之亂，費宰公山不狃實與同謀。今陽虎出奔已三年，而公山不狃仍為費宰，季氏亦無如之何。其城大，又險固，季氏可以據此背叛魯君，然其家臣亦可據此背叛季氏。今季氏正受此患苦。故季氏縱不能深明孔子所陳之道義，乃為我謀，故終依孔子言墮費。其實孔子亦不僅為季氏謀，乃為魯國謀。亦不僅為魯國謀，乃為中國為全人類謀，故就孔子當時之政情，則惟有從此下手也。費宰公山不狃，即其前欲召孔子之人，至是乃正式抗命。

前一年，侯犯即以郈叛適齊。孔子與子路之提議墮三都，殆亦由侯犯事而起。其時齊已歸郈於魯，故叔孫氏首墮郈，亦以其時郈無宰，故墮之易。叔孫輒乃叔孫氏之庶子，無寵。陽虎之亂，即謀以輒代其父州仇，既不得志，至是乃追隨公山不狃同叛。其時叔孫一家亦復是臣叛於外，子叛於內，各競其私，離散爭奪，與季孫氏家同有不可終日之勢。依孔子、子路之獻議，庶可振奮人心，重趨團結。惟孟孫氏一家較不然。孟懿子與南宮敬叔受父遺命，往學禮於孔子，然懿子襲父位，主一家之政，其親受教誨之日宜不多。殆是見道未明，信道未篤。雖不欲違孔子墮都之議，然前陽虎之亂，圖殺孟懿子，而陽虎欲自代之，幸成宰公歛處父警覺有謀，懿子得免，陽虎亦終敗。故懿子極信重處父。處父所言亦若有理。自當時形勢言之，春秋之晚世，已不如春秋之初年，列

國疆土日闢，國與國間壤地相接，已不能只以一城建國。墮成即不帝自毀國防，故曰：「墮成，齊人必至於北門。」抑且三家自魯桓公以來，歷世綿長。當懿子時，孟氏一家兄弟和睦，主臣一氣，不如季叔兩家之散亂，則何為必效兩家自墮其都。懿子既不欲公開違命，亦兩可於處父之言，乃一任處父自守其都。處父固能臣，而季叔兩家見成之固守，亦抱兔死狐悲之心，乃作首鼠兩端之計，不復出全力攻之，於是圍成弗克。墮三都之議至是受了大頓挫。

季氏使閔子騫為費宰。閔子騫曰：「善為我辭焉。如有復我者，則吾必在汶上矣。」（六）

時費宰公山不狃已奔齊，季氏懲於其家臣之凶惡，乃擇孔子弟子中知名者為之。閔子騫少孔子十五歲，已屆強仕之年，在孔門居德行之科。季氏物色及之，可謂允得其選。然閔子堅決辭謝。今不知此事約在何時，當已在圍成弗克之後。魯國政情又趨複雜，閔子或早知孔子有去位之意，故不願一出也。《論語》記孔子與人語及其門弟子，或對其門弟子之問答，皆斥其名。雖顏冉高第亦曰回曰雍。獨閔子云子騫，終《論語》一書不見損名，其賢由此可知。惜其詳不傳。

子路使子羔為費宰。子曰：「賊夫人之子。」子路曰：「有民人焉，有社稷焉，何必讀書，

然後為學？」子曰：「是故惡夫佞者。」（十一）

此事不知在季氏欲使閔子為費宰之前後，然總是略相同時事，相距必不遠。當時季氏選任一費宰，必招之孔子之門，其尊信孔子可知。子羔少孔子三十歲，與顏子同年。定公十二年，子羔年僅二十四。孔子欲其繼續為學，不欲其早年出仕，說如此將要害了他。子路雖隨口強辨，然亦終不果使。孔子當時雖為魯司寇，獻身政治，然羣弟子相隨，依然繼續其二十年來所造成的一個學術團體精神，據此亦可想見。

子華使於齊，冉子為其母請粟。子曰：「與之釜。」請益，曰：「與之庾。」冉子與之粟五秉。子曰：「赤之適齊也，乘肥馬，衣輕裘。吾聞之也，君子周急不繼富。」原思為之宰，與之粟九百，辭。子曰：「毋！以與爾鄰里鄉黨乎！」（六）

此兩事並不同在一時，乃由弟子合記為一章。孔子為魯司寇，其弟子相隨出仕者，自子路外，又見此三人。子華，公西赤字，少孔子三十二歲。若以魯定公十一年計，是年應二十一。冉求少孔子二十九歲，是年應二十四。皆甚年少。子華長於外交禮儀，適以有事，孔子試使之於齊。冉有

長理財，孔子使之掌經濟出納。子華之使齊乃暫職。冉有掌經濟，乃近在孔子耳目之前。故二人雖年少，孔子因材試用，以資歷練。子路不悟孔子之意，乃欲使子羔為費宰，此當獨當一面，故孔子說要害了他。原思少孔子二十六歲，較冉有、子華年長，然亦不到三十歲。孔子使為家宰。是孔子為魯司寇已引用了門下許多弟子。子路最年長，薦為季氏宰。原思、冉有、公西赤諸人則皆在身邊錄用。而如閔子騫、冉伯牛、仲弓、顏淵，皆孔門傑出人物，孔子並不汲汲使用。閔子騫拒為費宰，孔子亦默許之。孔子蓋欲留此輩作將來之大用。是孔子一面從事政治，一面仍用心留意在教育上。政治責任可以隨時離去，教育事業則終身以之。至於俸祿一節，孔子或與多，或與少，皆有斟酌。其弟子或代友請益，或自我請辭，亦皆不苟。師弟子之間既嚴且和，行政一如講學，講學亦猶行政，亦所謂吾道一以貫之矣。

　　憲問恥。子曰：「邦有道，穀。邦無道，穀，恥也。」（十四）

憲即原思，以貧見稱，亦能高潔自守。孔子使為宰，與祿厚，原憲辭，若以為恥。故孔子告之，邦有道，固當出身任事，食祿非可恥。若邦無道，不能退身引避，仍然任事食祿，始可恥。此見孔門師弟子無一事不是講學論道，而孔子之因人施教亦由此可見。

定公問：「君使臣，臣事君，如之何？」孔子對曰：「君使臣以禮，臣事君以忠。」（三）

定公之問，必在孔子為司寇時。是時三家擅權，政不在公室。君使臣以禮，則對臣當加制裁，始可使臣知有敬畏。臣事君以忠，則當對君有奉獻，自削其私權益。孔子辭若和緩，但魯之君臣俱受責備。孔子之主張墮三都，其措施亦即本此章之意。

定公問：「一言而可以興邦，有諸？」孔子對曰：「言不可以若是其幾也。人之言曰，為君難，為臣不易。如知為君之難也，不幾乎一言而興邦乎？」曰：「一言而喪邦，有諸？」孔子對曰：「言不可以若是其幾也。人之言曰，予無樂乎為君，唯其言而莫予違也。如其善而莫之違也，不亦善乎？如不善而莫之違也，不幾乎一言而喪邦乎？」（十三）

定公只漫引人言為問，故孔子亦引人言為答。觀定公兩問，知其非有精志可成大業之君。當時用孔子者亦為季氏，非定公。而孔子預聞魯政，乃欲抑私奉公，即不啻欲抑季氏奉定公，則其難亦可知。

第六章　孔子去魯周遊

一、孔子去魯

公伯寮愬子路於季孫，子服景伯以告，曰：「夫子固有惑志於公伯寮，吾力猶能肆諸市朝。」子曰：「道之將行也與，命也。道之將廢也與，命也。公伯寮其如命何？」（十四）

公伯寮魯人，亦孔子弟子，後人謂其是孔門之蟊賊。子路以墮三都進言於季孫，及孟氏守成弗墮，季叔兩家漸萌內悔之意，公伯寮遂乘機譖子路，季孫惑其言，則至是而季氏於孔子始生疑怠之心矣。子服景伯乃孟孫之族，出於公憤，欲言於季孫以置公伯寮於罪，而孔子止之。蓋墮三都之主

張不能貫徹施行，自定公季孫以下皆有責，此乃一時之羣業，時運使然，孔子則謂之為命。孔子五十而知天命，非不知魯國當時情勢之不可為，而終於挺身出仕，又盡力而為，是亦由於知天命。蓋天命之在當時，有其不可為，而天命之在吾躬，則有其必當為。外之當知天命之在斯世，內之當知天命之在吾躬。至於公伯寮之進讒，此僅小小末節，固非孔子所欲計較也。

齊人歸女樂，季桓子受之，三日不朝，孔子行。（十八）

《孟子》曰：

孔子為魯司寇，不用。從而祭，燔肉不至，不稅冕而行。不知者以為為肉也，其知者以為無禮也。乃孔子則欲以微罪行，不欲為苟去。君子之所為，小人固不識也。

《史記・孔子世家》：

齊人聞而懼，曰：「孔子為政必霸，霸則吾地近焉，我之為先并矣。」犂鉏曰：「請先嘗

沮之。」於是選齊國中女子好者八十人，皆衣文衣而舞康樂，文馬三十駟，遺魯君，陳女樂文馬於魯城南高門外。季桓子微服往觀再三。將受。乃語魯君為周道游。往觀終日，怠於政事。子路曰：「夫子可以行矣。」孔子曰：「魯今且郊，如致膰乎大夫，則吾猶可以止。」桓子卒受齊女樂，三日不聽政，郊又不致膰俎於大夫，孔子遂行。

孔子主墮三都，不啻在魯國政壇上擲下一大炸彈，其爆炸聲遠震四鄉。魯齊接壤，並在邊界上時起齟齬。魯國政治有大改革，齊國自感不安。饋女樂，固是一項政治陰謀。然季桓子對孔子之不信任，其主要關鍵還是在孟氏之守成弗墮，又經公伯寮之讒譖，季氏不免心生搖惑。受齊女樂，三日不朝，只是其內心衝突與夫政治姿態轉變之表現。此是借因，非主因。齊歸女樂在魯定公十二年之冬，正與魯圍成事先後同時。若季桓子決心不變，則墮成一事尚可繼續努力。正因季桓子自己變心，故再不理會圍成事，而姑借女樂之來作逃避姿態。孔子猶不欲急去，且待春祭，由於不送大夫祭肉，乃始行，此應在定公十三年。孔子自定公九年出仕，至是已四年。其為大司寇已三年。

《史記‧孔子世家》又曰：「孔子行，宿乎屯。」師己送曰：「夫子則非罪。」孔子曰：「吾歌可夫。」歌曰：「彼婦之口，可以出走，彼婦之謁，可以死敗，蓋優哉游哉，維以卒歲。」師己反，桓子曰：「孔子亦何言？」師己以實告。桓子喟然歎曰：「夫子罪我，以羣婢故也夫。」《史記》此節又見《家語》。孔子之歌，與《論語》公伯寮其如命何之語大不相似。豈公伯寮不如羣婢，天之大命，由羣婢所掌握乎？孔子去魯在外十四年，亦豈優哉游哉維以卒歲之謂乎？尤其於孔子墮三都之主張不得貫徹一大關鍵反忽略了，使人轉移目光到齊人所歸女樂上，大失歷史真情，不可不辨。孟子曰：「孔子為魯司寇，不用。」不特指女樂事，始為得之。

二、孔子適衛

子適衛，冉有僕。子曰：「庶矣哉！」冉有曰：「既庶矣，又何加焉？」曰：「富之。」曰：「既富矣，又何加焉？」曰：「教之。」（十三）

魯衛接壤，又衛多君子，故孔子去魯即適衛，此章正為初入衛時之辭。

子擊磬於衛。有荷蕢而過孔氏之門者，曰：「有心哉，擊磬乎！」既而曰：「鄙哉，硜硜乎。莫己知也，斯己而已矣。深則厲，淺則揭。」子曰：「果哉！末之難矣。」（十四）

孔子初至衛，當是賃廛而居。閒日擊磬，有一擔草器的隱者過其門外，聽磬聲而知孔子之心事。言人莫己知，斯獨善其己即可。孔子歎其果於忘世。是孔子初在衛，雖未汲汲求出仕，然亦未嘗忘世可知。又孔子學琴於師襄，師襄又稱擊磬襄。孔子擊磬，其亦學之於襄乎？孔子在齊聞韶，三月不知肉味，在衛賃居初定，即擊磬自遣。此皆在流亡羈旅之中而怡情音樂一如平常，此見孔子之道德人生與藝術人生之融凝。及其老，乃曰：「七十而從心所欲不踰矩。」（二）此即其道德人生與藝術人生融凝合一所到達之最高境界也。

子貢曰：「有美玉於斯，韞匵而藏諸？求善賈而沽諸？」子曰：「沽之哉，沽之哉，我待賈者也。」（九）

子貢少孔子三十一歲，尚少顏淵一歲。孔子去魯適衛，子貢年二十四。子貢乃衛人，殆是孔子適衛後始從遊。見孔子若無意於仕進，故有斯問。可證孔子初至衛，未嘗即獲見於衛靈公。孔子抱道如懷玉，非不欲沽，只待善賈。善賈猶言良賈，能識玉，時人誰能識孔子？孔子亦僅待有意市玉者而已。

三、孔子過匡過蒲

儀封人請見，曰：「君子之至於斯也，吾未嘗不得見也。」從者見之。出曰：「二三子，何患於喪乎？天下之道也久矣。天將以夫子為木鐸。」（三）

儀，衛邑名，在衛西南境。又衛有夷儀，在衛西北境。喪者，失位去國之義，應指孔子失魯司寇去國適衛事。然自魯適衛，應自衛東境入，無緣過衛西南或西北之邑。孔子居衛十月而過蒲過匡，匡蒲皆在晉衛邊境，與夷儀為近。或孔子此行曾路過夷儀，儀封人即夷儀之封人也。其時既失位於魯，又不安於衛，僕僕道途，故儀封人謂天將以夫子為木鐸，使之周流四方，以行其教，如木鐸之徇於路而警眾也。是亦孔子適衛未遽仕之一證。惟其事在過匡過蒲之前或後，則不可詳考。又若認此儀邑在衛西南，則當俟孔子去衛過宋時始過此。是亦時當失位，語氣並無不合。今亦不

能詳定，姑附於此。

子畏於匡。曰：「文王既沒，文不在茲乎！天之將喪斯文也，後死者不得與於斯文也。天之未喪斯文也，匡人其如予何？」（九）

子畏於匡，顏淵後。子曰：「吾以女為死矣。」曰：「子在，回何敢死？」（十一）

《史記・孔子世家》：

孔子適衛，居十月，去衛過匡。陽虎嘗暴匡人，孔子狀類陽虎，拘焉五日。

《史記・孔子世家》：

春秋時，地名匡者非一。衛之匡在陳留長垣縣西南。長垣縣有匡城蒲鄉，兩地近在一處。《左傳・定公十四年》春，衛侯逐公叔戍與其黨。孔子以十三年春去魯適衛，居十月，正值其時。

《史記・孔子世家》又云：

孔子去匡、即過蒲。月餘反乎衛。

又曰：

孔子去陳過蒲，會公叔氏以蒲叛，蒲人止孔子。弟子有公良孺者，以私車五乘從，鬭甚疾。蒲人懼，出孔子東門。孔子遂適衛。

竊其時地，過匡過蒲，乃魯定公十四年春同時之事。畏乃私鬭之稱。《論語》之畏於匡，即是《史記》之鬭於蒲，只是一事兩傳。若謂孔子貌似陽虎，則一語解釋即得，何致拘之五日。若果匡人誤以孔子為陽虎，孔子不加解釋，而遽有天喪斯文之歎，情事語氣似乎不類。且顏淵隨孔子同行，拘則俱拘，免則俱免，何以又有獨自一人落後之事。蓋孔子畏於匡，即是過蒲。適遭公叔戌之叛，欲止孔子，孔子與其門弟子經與蒲人鬭而得離去。顏淵則在鬭亂中失羣在後也。後人因有陽虎侵暴於匡之事，遂譌傳孔子以狀類陽虎被拘，史遷不能辨而兩從之。

後人復有疑匡圍乃與孔子往宋遭司馬魋之難為同一事，無據臆測，今不從。

佛肸召，子欲往。子路曰：「昔者由也聞諸夫子曰：『親於其身為不善者，君子不入也。』佛肸以中牟畔，子之往也，如之何？」子曰：「然，有是言也。不曰堅乎，磨而不磷。不曰白乎，涅而不緇。吾豈匏瓜也哉？焉能繫而不食！」（十七）

《左傳·定公十三年》：

秋七月，范氏中行氏伐趙氏之宮。冬十一月，荀寅士吉射奔朝歌。

是年，趙氏與范氏中行氏啟爭端，至其年冬，而范中行氏出奔。中牟乃范氏邑，其邑宰佛肸助范中行氏拒趙氏。所謂以中牟畔，或是定公十四年春，范氏已出奔，佛肸欲依賴齊魯衛諸國以自全，其迹若為叛，其心猶近義。其時孔子適去衛，在匡蒲途中。中牟在彰德湯陰縣西，在晉衛邊境，

与匡蒲为近，故佛肸来召孔子。孔子之欲往，正与往年欲赴公山不狃之召同一心情。孔子非欲助佛肸，乃欲藉以助晋，平其乱而张公室，一如其在鲁之所欲为。然亦卒未成行。或疑中牟叛在赵简子卒後，赵襄子伐之，其时孔子已卒。可见佛肸始终不附赵氏，然不得谓其以中牟叛只指此年，亦犹公山不狃之叛，不专指堕三都之年也。今不从。

《史记·孔子世家》：「孔子既不得用於卫，将西见赵简子。至於河，而闻窦鸣犊舜华之死也，临河而欤曰：美哉水，洋洋乎，丘之不济此，命也夫。」孔子欲赴佛肸之召，事见《论语》，宜可信。至其欲见赵简子，《论语》未载。《春秋》定公八年，赵鞅使涉佗盟卫侯，掫其手及腕。是赵简子於卫为雠，孔子何以居卫而突欲往见。且孔子欲赴佛肸之召，则同时决无意复欲去见赵简子。窦鸣犊舜华当作鸣犊窦犨，此两人绝不闻有才德贤行之称见於他书，孔子何为闻其见杀而临河遽返。疑此事实不可信。只因孔子过匡蒲，实曾到过晋卫边境大河之南岸，又曾偶然动念欲赴佛肸之召，後人遂误传为孔子欲见赵简子。其事无他可信可据处，今不取。

孔子之適衛，初未汲汲求仕進，又若無久居意，故初則賃廛以居，荷蕢者故曰過孔氏之門也。居十月又離去，不知何故，或有意遊晉。然其時晉適亂，趙氏與范氏中行氏構釁，孔子未渡河而返衛，其間詳情均無可說。

四、孔子反衛出仕

《孟子》曰：

孔子於衛，主顏讎由。彌子之妻與子路之妻兄弟也，彌子謂子路曰：「孔子主我，衛卿可得也。」子路以告。孔子曰：「有命。」

顏讎由，衛大夫。孔子始以十月去衛重返始主其家。又經幾何時而始見衛靈公，今皆不能詳考。

《史記‧孔子世家》：孔子過蒲反衛，主蘧伯玉家，若其事不可信，則其主顏讎由家又在何時，不可詳考。又謂孔子屢去衛屢返，屢有新主，恐皆不可信。又謂主子路妻兄顏

濁鄒家，濁鄒即雛由。謂是子路妻兄，亦恐由彌子為子路僚壻而誤，不可信。

《左傳‧定公十五年》：

春，邾隱公來朝，子貢觀焉。邾子執玉高，其容仰。公受玉卑，其容俯。子貢曰：「以禮觀之，二君皆有死亡焉。君為主，其先亡乎？」夏五月，公薨。仲尼曰：「賜不幸言而中，是使賜多言者也。」

《孟子》曰：

於衛靈公，際可之仕。

是年子貢年二十六，應是子貢自往魯觀禮，歸而言之孔子。非可證孔子亦以是年返魯。

《史記‧孔子世家》：

衛靈公問孔子，居魯得祿幾何？對曰：「俸粟六萬。」衛人亦致粟六萬。

孔子初至衛，似未即獲見衛靈公。何時始獲見，不可考。既謂之際可之仕，當必受職任事。所受何職，今亦不可考。俸粟六萬，後人說為六萬小斗，當如漢之二千石。孔子在衛，隨行弟子亦多，非受祿養，亦不能作久客。

子見南子，子路不說。夫子矢之曰：「予所否者，天厭之！天厭之！」（六）

《史記‧孔子世家》：

靈公夫人有南子者，使人謂孔子曰：「四方之君子，不辱，欲與寡君為兄弟者，必見寡小君。寡小君願見。」孔子辭謝。不得已，見之。夫人在絺帷中。孔子入門，北面稽首。夫人自帷中再拜。環佩玉聲璆然。孔子曰：「吾鄉為弗見。見之，禮答焉。」子路不說。孔子矢之。

南子宋女，舊通於宋朝，有淫行，而靈公寵之。慕孔子名，強欲見孔子，孔子不得已而見之。南子隔在絺帷中，孔子稽首，南子在帷中答拜。故孔子說，吾本不欲見，但見了，彼亦能以禮相答。

此事引起了多方面的懷疑。

王孫賈問曰：「『與其媚於奧，寧媚於竈』，何謂也？」子曰：「不然。獲罪於天，無所禱也。」（三）

子路之不悅於孔子，蓋疑孔子欲因南子以求仕。王孫賈、衛大夫，亦疑之。奧者，室中深隱之處，竈則在明處。此諷與其借援於宮闈之中，不如求合於朝廷之上。孔子曾稱許王孫賈能治軍旅，其人應非一小人，乃亦疑孔子欲藉南子求仕進而加規勸。然因南子必欲一見孔子，既仕其國，亦無必不見其君夫人之禮。魯成公九年，享季文子，穆姜出於房再拜，可見君夫人可見外臣，古人本無此禁。陽貨饋孔子豚，孔子亦尚時其亡而往拜，今南子明言求見，孔子亦何辭以拒。然孔子於衛靈公已知無可行事，僅不得已而姑留。今見南子更出不得已，而內則遭子路之不悅，外則有王孫賈之諷諫。孔子之答兩人，若出一辭。蓋此事無可明辨，辨必涉及南子。在其國不非其大夫，更何論於君夫人。故孔子必不明言涉及南子，則惟有指天為誓。此非孔子之憤，乃屬孔子之婉。

其告王孫賈，亦只謂自己平常行事一本天意，更無可禱，則又何所用媚也。

子見南子一條，前人辨論紛紜。竊謂如上釋，事無可疑。或又疑孔子見南子應在衛出公時，轉輾曲解，應不如在衛靈公時為允。《史記·世家》又云：「靈公與夫人同車，宦者雍渠參乘，出，使孔子為次乘，招搖市過之。孔子曰：『吾未見好德如好色者也。』於是醜之，去衛。」此事則斷不可信。且靈公尚知敬孔子，南子亦震於孔子之名而必求一見，豈有屈孔子為次乘而招搖過市之事。且孔子既以此去衛，豈有復適衛再見靈公之理。未見好德如好色一語，亦豈專為此而發。此皆無他證而斷不可信者。蓋後人因有子見南子之事而添造此說，史遷不察，妄加稱引耳。

又子曰：「不有祝鮀之佞，而有子朝之美，難乎免於今之世矣。」祝鮀與王孫賈同仕衛靈公朝，孔子稱其善治宗廟。竊疑此條應在孔子居衛時，亦有感於見南子之事而發。宋朝即南子所淫。此條一則謂衛靈公雖內有南子之淫亂，而猶幸外朝多賢。所以特舉祝鮀為說者，因祝鮀之佞，可以取悅於鬼神。靈公之得免，亦可謂鬼神佑之也。二則孔子在當時既已名震諸侯，意外招來南子之強見，復增多方之疑嫉，求行道固難，求避禍不失身亦復

不易，故惟求不獲罪於天以期免於今之世也。孔子平常不喜言佞，而此章特舉祝鮀，又言美色而特舉宋朝，故知必有感而發。今以此章參之，則其答子路王孫賈兩人之意亦躍然自見。

五、孔子去衛

衛靈公問陳於孔子。孔子對曰：「俎豆之事，則嘗聞之矣。軍旅之事，未之學也。」明日遂行。（十五）

《史記·孔子世家》：

明日，與孔子語。見蜚雁，仰視之，色不在孔子，孔子行。

孔子以魯定公十三年春去魯適衛，居十月，去衛，過匡過蒲，仍返衛，應在定公之十四年。遂主顏讎由家。讎由雖不列為七十子之徒，然亦頗問學受業。孔子或由讎由之介而獲見於衛靈公，其事應在魯定公之十五年。《左傳》：「定公十三年春，衛與齊伐晉。」衛靈公與齊景公同次於垂

葭。其時孔子方適衛，兩人尚未相見。定公十四年春，與齊侯衛侯會於脾上梁之間，謀救范氏中行氏。秋，衛侯為南子召宋朝，會於洮。太子蒯瞶欲殺南子，謀洩奔宋。孔子乃在是後始見衛靈公而仕其朝。南子亟欲見孔子，子路、王孫賈皆不為然，亦因孔子見南子適在會洮之後，適在蒯瞶出奔之後，而其時孔子於衛靈公亦尚屬初見，故人疑孔子欲藉南子進身。本以上情節推之，則孔子見衛靈公而仕衛，應在魯定公十五年為適當，最早亦不出定公十四年之冬。其時距孔子自匡蒲返衛亦不出一年前後也。翌年，魯哀公元年，夏四月，齊侯衛侯救邯鄲，圍五鹿。秋八月，齊侯衛侯會於乾侯，救范氏。蓋是時晉定公失政，趙氏為范氏中行氏之間連年結釁，兵爭不已。齊景公意欲與晉爭霸，衛靈公自魯定公七年即會齊叛晉，時靈公年未達五十，精力尚旺，連年僕僕在外，至是乃欲伐晉救范氏。國內則寵后弄權，太子出奔。而靈公乃以是時問兵陳之事於孔子。孔子乃曰：「俎豆之事，則嘗聞之。」是欲靈公息其向外揚武之念，反就家庭邦國講求禮樂。靈公徒慕孔子名，僅是禮遇有加，及是始正式以政事問。乃一語不合，禮貌驟減。孔子見幾而作，其事應在魯哀公元年之後。則孔子仕衛，最多不到兩年。其前後在衛，亦不出四年之久。《孟子》曰：「未嘗終三年淹。」則疑乃指其仕衛時期言。

《史記·孔子世家》記孔子在衛靈公時，曾四次去衛，兩次適陳，兩次未出境而反。又謂孔子於適衛後又曾反魯。一若孔子在此四年期間，行踪飄忽，往返不定，而實皆無證可信。茲俱不取。蓋當誤於孟子未嘗終三年淹之說，今不一一詳辨。

子言衛靈公之無道也。康子曰：「夫如是，奚而不喪？」孔子曰：「仲叔圉治賓客，祝鮀治宗廟，王孫賈治軍旅。夫如是，奚其喪？」（十四）

孔子事後尚評衛靈公無道。孟子亦曰：「於衛靈公，際可之仕。」則孔子在衛，蓋始終不抱得君行道之想。

子曰：「直哉史魚！邦有道，如矢；邦無道，如矢。君子哉蘧伯玉！邦有道，則仕；邦無道，則可卷而懷之。」（十五）

史魚、蘧伯玉兩人，屢見於晚周諸子之稱引，蓋衛之賢人也。此兩人皆長孔子三十以上。然孔子至衛，兩人當尚在，故孔子特稱引及之。惟此兩人當不為靈公所信用，故前引一章，孔子只舉仲叔圉祝鮀王孫賈而不及此兩人。《史記・孔子世家》謂孔子曾主蘧伯玉家，不知信否。《呂氏春秋・召類篇》謂趙簡子將襲衛，使史鰍往觀，曰：「蘧伯玉為相，史鰍佐焉。孔子為客，子貢使令於君前。」簡子按兵不動。此則斷不足信。

子曰：「魯衛之政，兄弟也。」（十三）

子曰：「齊一變至於魯，魯一變至於道。」（六）

孔子曾至齊衛兩國。其至齊，即得景公召見，又以政事相問。不似在衛，越兩年，而始見其君。又歷一年，而問以兵陳之事。齊景公之待孔子，似尚優於衛靈公。但孔子在齊一年即返魯，在衛淹遲達四載。孔子以前，晉韓宣子至魯，曰：「周禮盡在魯矣。」吳季札至衛，曰：「衛多君子。」齊俗急功近利，喜誇詐，多霸政餘習，與魯衛風俗不同，人物亦殊，故孔子之在齊衛，其心情當亦不同，此或亦孔子在衛久滯一理由。

六、孔子過宋

《史記‧孔子世家》：

孔子去衛過曹，去曹適宋。

子曰：「天生德於予，桓魋其如予何？」（七）

《孟子》：

孔子不悅於魯衛，遭宋桓司馬將要而殺之，微服而過宋。

《史記‧孔子世家》：

孔子去曹過宋，與弟子習禮大樹下，宋司馬桓魋欲殺孔子，拔其樹。孔子去。弟子曰：「可

以速矣。」孔子曰：「天生德於予，桓魋其如予何？」

《史記・宋世家》：

景公二十五年，孔子過宋，宋司馬桓魋惡之，欲殺孔子，孔子微服去。

會合《語》、《孟》、《史記》三書觀之，孔子特過宋境，未入宋之國都。《莊子・天運篇》亦謂孔子伐樹於宋。殆司馬桓魋惡孔子，聞其習禮大樹下，遂使人拔其樹。示意不欲孔子久淹於宋，其弟子亦欲孔子速離宋境，孔子乃有桓魋其如予何之歎。謂司馬桓魋將要殺孔子，乃甚言之辭。若必欲殺之，則其事甚易。孔子有弟子相隨，雖微服亦未可免桓魋之耳目。謂微服者，指對習禮大樹下而言。孔子亦自有戒心，不復衣冠習禮道塗間，遂謂之微服也。後人又疑司馬桓魋派殺之之人已至樹下，而孔子猶不速去，則派殺者豈得只拔其樹，不殺其人。亦有誤過宋過匡為一事者，更不足信。

《史記・十二諸侯年表》及《宋世家》同謂孔子過宋在宋景公二十五年，是年為魯哀公三年。衛靈公卒於魯哀公二年，《論語》謂靈公問陳，孔子明日遂行，此亦甚言之辭。蓋孔子至是始決心退職，非謂明日即行離衛國也。即《史記》謂明日見飛雁，色不在孔子，孔子行，亦同為甚言之

辭。靈公問陳，其事應在魯哀公元年之秋冬間。翌年，魯哀公二年夏，靈公卒。孔子辭去衛祿，當在靈公卒前。而其事在魯哀公元年冬抑二年春，則難詳說。至於孔子之離去衛國，其在靈公卒前或卒後，亦復無可詳定。今若定孔子以魯哀公二年去衛，三年過宋境適陳，應無大不合。此屬兩千五百年以前之事，古書記載，容多闊略，並有疏失。因見其小漏洞，競致疑辨，認為必無其事，此既失之。然必刻劃而求，錙銖而較，認為其必如是而不如彼，此亦過當。論其大體，略其小節，庶乎可耳。

七、孔子至陳

《孟子》：

孔子微服而過宋。是時，孔子當阨，主司城貞子，為陳侯周臣。

《史記・孔子世家》：

孔子遂至陳，主於司城貞子家。

司城，宋官名，殆陳亦同有此官。其諡貞子，則賢人也。孔子去衛過宋，一路皆在陳中，陳有賢主人，故遂仕於其朝矣。

《左傳‧哀公三年》：

夏五月辛卯，司鐸火，火踰公宮，桓僖災。孔子在陳聞火，曰：「其桓僖乎？」

此或出後人附會。然可證魯哀三年夏，孔子正在陳。

《史記‧孔子世家》孔子凡兩至陳。《史記‧陳世家》湣公六年孔子適陳，〈孔子世家〉在七年。又湣公十三年孔子在陳，此為魯哀公之六年。今考孔子以魯哀三年過宋至陳，至是仍可在陳，其兩至陳之說則不可信。

在陳絕糧，從者病，莫能興。子路慍見，曰：「君子亦有窮乎？」子曰：「君子固窮，小人窮，斯濫矣。」（十五）

《孟子》：

君子之厄於陳蔡之間，無上下之交也。

《史記‧陳世家》：

湣公十三年，吳復來伐陳，陳告急楚，楚昭王來救，軍於城父，吳師去。是年，楚昭王卒於城父。時孔子在陳。

孔子在陳絕糧，當即在吳師伐陳之年。孔子以魯哀公三年至陳，至是已魯哀公六年，前後當逾三年。孟子曰：「未嘗終三年淹。」則其正式在陳仕朝受祿，殆亦前後不足三年。於其所素抱行道之意，則無可言者。而陳又屢年遭兵，此次吳師來伐，孔子或先已辭位避去。《論語》云「在陳絕糧」，因其尚在陳境。《孟子》云「厄於陳蔡之間」，則因其去陳適楚，在路途中。《左傳‧哀公二年》冬十有一月，蔡遷於州來。四年夏，葉公諸梁致蔡於負函。蔡之始封在上蔡，後徙新蔡，皆在今河南境，在陳之南，與陳相近。及其畏楚就吳而遷州來，在今安徽壽縣北，與陳相距數百里。

其時晉失諸侯，楚昭王有志中原，故使葉公諸梁招致蔡之故地人民於負函，此亦與上蔡新蔡為近，楚使葉公兼治之。孔子之去陳適蔡，乃就見葉公，與蔡國無涉。其途間絕糧，則是已去陳國，而未達楚境，故曰無上下之交也。

《史記‧孔子世家》：「孔子遷於蔡三歲，吳伐陳，楚救陳，軍於城父。聞孔子在陳蔡之間，楚使人聘孔子，孔子將往拜禮。陳蔡大夫謀曰：孔子用於楚，則陳蔡用事大夫危矣。於是乃相與發徒役，圍孔子於野，不得行，絕糧。」今按：蔡昭侯遷州來在魯哀二年，孔子先是未嘗至蔡，此謂孔子遷於蔡三歲，或是蔡遷於州來三歲之誤。蔡昭侯遷州來在魯哀二年，孔子先是吳伐陳在魯哀六年，中間適越三歲。其時蔡事吳，陳事楚，相與為敵。蔡遷州來，與陳已遠，烏得有陳蔡大夫合謀圍孔子之事？前人辨此者已多，惟謂絕糧在吳伐陳、楚救陳之歲則是。

〈孔子世家〉又曰：「於是使子貢至楚，楚昭王興師迎孔子，然後得免。昭王將以書社地七百里封孔子，令尹子西曰：孔丘得據土壤，賢弟子為佐，非楚之福。昭王乃止。」孔子絕糧非受兵圍，已辨如前。楚昭王近在陳之城父，果迎孔子，信宿可以相見，孔子又何為使子貢至楚？魯哀之六年，楚昭王在城父，救陳戰吳，卒於軍中，其事詳載於《左傳》，其時決不似有議封孔子之事。且議封，僅當計社數，不當云社地幾百里。若計地，亦斷無驟封以七百里之巨。惟謂孔子當時有意至楚則是。

八、孔子至蔡

《史記·孔子世家》：

> 齊景公卒。明年，孔子自蔡如葉。

齊景公卒歲為魯哀公之五年。明年，即魯哀公六年，孔子自陳至蔡。此乃舊時蔡國故地，乃負函

之蔡，今屬楚，楚臣葉公諸梁居之。此年孔子至負函見葉公。

葉公問政。子曰：「近者悅，遠者來。」（十三）

孔子至齊，齊景公問以政。其來蔡，葉公問以政。在衛，不見有衛靈公問政之記載，惟問以兵陳之事，而孔子遂行。在陳亦有三年之久，並仕為臣，亦不見陳侯有所問。初與葉公相見，葉公即虛衷問政，此見葉公誠楚之賢臣。據《左傳》：楚遷許於葉。又遷城父、遷析，而葉遂為楚方城外重地。魯哀公二年，蔡避楚遷州來。六年，楚遂招致蔡之遺民未遷者為置新邑於負函，葉公諸梁主其事而兼治之。孔子見葉公，告以為政必近悅而遠來。蓋其時楚方務遠略，而葉公負其此門面向諸夏之重任。如許如蔡，皆諸夏遺民，今皆歸葉公所治，故孔子告以當先務求此輩近民之悅也。

葉公語孔子曰：「吾黨有直躬者，其父攘羊而子證之。」孔子曰：「吾黨之直者異於是。父為子隱，子為父隱，直在其中矣。」（十三）

當孔子之世，齊晉霸業已衰，楚與中原諸夏往復頻繁，已與昔之以蠻夷自處者遠別。然當時南北文化歧見，尚有芥蒂。葉公之意，殆自負以為南方風氣人物並不下於北方，故特有此問。亦見葉公心胸實自在衛靈公陳湣公等諸人之上。而孔子之答，則大道與俗見之相判自顯。此乃一時率爾觸發，然遂永為千古大訓。可見凡孔子行迹所至，偶所親即，其光風之所薰灼，精神之所影響，實有其永不昧滅者。天將以夫子為木鐸，凡孔子行道所至，實已是孔子之行道所至矣。

「知老之將至云爾。」（七）

葉公問孔子於子路，子路不對。子曰：「女奚不曰，其為人也，發憤忘食，樂以忘憂，不

此章不審與葉公問政章之先後。推測言之，孔子至蔡，葉公必敬禮相迎，其問政當在前。葉公之於孔子，既知慕重，但不能真識孔子之為人，故又私問於子路。然大聖人學養所至，有非他人之言辭所能形容者。且孔子遠來楚邦，雙方情意未洽，子路驟不得葉公問意所在，故遂避之不答。及其告孔子，孔子則謂當僅告以一己平日之為人。而孔子之自道其為人，則切實平近之至，實只告之以一己之性情而止。魯哀公六年，孔子已年六十有三，而僅曰老之將至，又曰不知老之將至，則孔子當時殆可謂實無絲毫老意入其心中。而此數年來，去衛過宋，去陳來蔡，所如不合，饑困

頻仍。若以言憂，憂亦可知。乃孔子胸中常若有一腔樂氣盤旋，不覺有所謂憂者。其曰發憤忘食，樂以忘憂，實已道出了其畢生志學好學，遑遑汲汲，志道樂道，矻矻孳孳，一番誠摯追求永無懈怠之心情。其生命，其年歲，其人，即全在其志學好學志道樂道之無盡嚮往無盡追求中。其所憤，所樂，亦全在此。此以外則全可忘。人不可一日不食，在孔子心中，亦何嘗一日忘憂。然所憂即在此學此道，即在此憤此樂之中。故孔子畢生，乃若常為一忘食忘憂之人，其實則只是一志學志道好學樂道之人而已。孔子曰：「人不知而不慍，不亦君子乎。」孔子平日此一番學養，此一番志好，此一番心胸，此一番追求，即孔子生命精神之所在，但此實亦無人能知，孔子亦偶自作此吐露。其「發憤忘食，樂以忘憂」之八字，即在孩提之童，初學之年，皆可有之。惟孔子則畢生如是而已。

楚狂接輿，歌而過孔子，曰：「鳳兮鳳兮！何德之衰？往者不可諫，來者猶可追。已而已而！今之從政者殆而！」孔子下，欲與之言。趨而辟之，不得與之言。（十八）

楚狂接輿，歌而過孔子，曰：「鳳兮鳳兮！何德之衰？往者不可諫，來者猶可追。已而已而！今之從政者殆而！」孔子下，欲與之言。趨而辟之，不得與之言。（十八）

接輿之名，屢見於先秦諸子之稱述。范雎鄒陽皆以與箕子並稱，皆謂其人佯狂避世。今疑接輿或是故蔡遺民，淪落故地，遂為楚人。《韓詩外傳》：「楚狂接輿躬耕以食，楚王使使者齎金百鎰，

願請治河南，接輿不應，與妻偕隱，莫知所之。」則葉公致蔡於負函，接輿或在其內。楚王欲用

接輿，其曰願請治河南，固屬傳說，然亦透露了楚王之意在懷柔當時故蔡之遺民。而接輿之歌而

過孔子，正不喜孔子以中原諸夏有名大人前來楚邦。若果從仕於楚，將更是一危殆之道。其歌意

當在此。今不知孔子當時所抱見解如何，其所欲與接輿言而不獲者係何等言。要之接輿當抱有亡

國之痛，其於楚人之統治，必有非吾族類之感，不得僅以與後世如莊老之徒之隱遯不仕同視。

與易也。」（十八）

長沮桀溺耦而耕。孔子過之，使子路問津焉。長沮曰：「夫執輿者為誰？」子路曰：「為

孔丘。」曰：「是魯孔丘與？」曰：「是也。」曰：「是知津矣。」問於桀溺，桀溺曰：

「子為誰？」曰：「為仲由。」曰：「是魯孔丘之徒與？」對曰：「然。」曰：「滔滔者，

天下皆是也，而誰以易之？且而，與其從辟人之士也，豈若從辟世之士哉！」耰而不輟。

子路行以告。夫子憮然曰：「鳥獸不可與同羣，吾非斯人之徒與而誰與？天下有道，丘不

此事當與前事同在孔子自陳適蔡之道途中。長沮桀溺，疑亦蔡之遺民。苟不從仕，則惟有務耕為

活。然乃遠知魯國孔丘與其徒仲由，固屬當時孔子與其門弟子之聲名洋溢，無遠弗屆。然此兩人

亦非尋常耕農可知。而其意態消沉，乃若於世事前途了不關懷，實亦有感於其當身之經歷。宗邦播遷，鄉井非昔，統治者亦復非我族類。其不能復有鼓舞歡動之心情，宜亦無怪。孔子意，處此無道之世，正更必有以易之，則惟求與斯人為徒以共昌此人道，固非絕羣逃世之所能為力。然孔子此等意見，亦無法與如長沮桀溺之決意避世者深論，故亦只有悵然憮然而已也。

子路從而後，遇丈人，以杖荷蓧。子路問曰：「子見夫子乎？」丈人曰：「四體不勤，五穀不分，孰為夫子？」植其杖而芸。子路拱而立。止子路宿，殺雞為黍而食之，見其二子焉。明日，子路行，以告。子曰：「隱者也。」使子路反見之，至則行矣。子路曰：「不仕無義。長幼之節，不可廢也。君臣之義，如之何其廢之？欲潔其身而亂大倫。君子之仕也，行其義也。道之不行，已知之矣。」（十八）

此丈人亦當在遇見接輿與長沮桀溺之一路上所值。孔子行迹遍天下，乃在此一路上獨多遇異人。正因蔡乃諸夏舊邦，雖國勢不振，猶有耆獻。平日或為士，或為吏。一旦其國遠徙，其不克隨行者遂淪落為異國之編氓，賴耕農以自活。孔子抱明道行道之心，曾一度至齊，不得意而歸。又以不得意而去魯至衛，復以不得意而去。亦曾一度欲去之晉而未果，道困於宋。其在陳，雖仕如隱。

今之來楚，宜無可以久留之理。其平日，尊管仲以仁，嘗曰：「桓公九合諸侯，不以兵車，管仲之力。」（十四）又曰：「管仲相桓公，霸諸侯，一匡天下，民到於今受其賜。微管仲，吾其被髮左衽矣。」（十四）夷夏之防，春秋所重。然當孔子世而竟無可作為。其告葉公，亦止曰：「近者悅，遠者來。」其去此下孟子告齊宣王，曰：「以齊王猶反手。」豈非無大相異。果使能近悅遠來，豈不葉公即可以楚王。然孔子之命子路告丈人，曰：「道之不行，已知之矣。」是孔子在當時已明知道之不能行，而猶曰「君子之仕，以行其義」。蓋道不能行，而仍當行道，此即孔子之義也。君子知道明道，乃君子之天職，若使君子而不仕，則道無可行之望。

人之為羣，不可無家庭父子，亦不可無邦國君臣。果使無父子，無君臣，則人羣之道大亂。君子不願於其自身亂大羣之道，故曰君子之仕以行其義。不能使君子不義而仕，然君子亦必不認仕為不義。今丈人只認勤四體分五穀為人生正道，尚知當有父子，而不知同時仍當有君臣。此丈人或亦抱亡國之痛，有難言之隱，故孔子謂之曰隱者。孔子嘗欲居九夷，又曰乘桴浮於海，是孔子非不同情隱者。然世事終須有人擔當，不得人人皆隱。

接輿、長沮、桀溺三人，皆直斥孔子，驟難與之深言。惟此丈人並不對子路有所明言深斥。孔子欲為丈人進一義解，故又使子路再往。亦非欲指言丈人之非，特欲廣丈人之意，使知處人世有道，有不盡於如丈人之所存想者。而不期丈人已先去滅迹。在此，丈人自盡己意即止，不願與

孔門師徒再多往復。其意態之堅決，亦復如接輿之趨避。然而就此四人之行迹言，則此丈人若尤見為高卓矣。

九、孔子自蔡反陳

子在陳，曰：「歸與！歸與！吾黨之小子狂簡，斐然成章，不知所以裁之。」（五）

此章必是孔子自楚歸陳後語。孔子之至陳，本為在衛無可居而來。在陳又無可居，乃轉而至楚。在孔子當時，本無在楚行道之意嚮。特以去陳避難，楚為相近，故往遊一觀，而困餓於陳蔡之間。又在途中屢遭接輿、長沮、桀溺以及荷蓧丈人之諷勸譏阻，孔子之無意久滯楚境亦可想見。乃再至陳，亦是歸途所經，非有意再於陳久滯。歸歟之歎，乃孔子一路存想，非偶爾發之亦可知。

《孟子》：

萬章問曰：「孔子在陳，曰：『盍歸乎來！吾黨之小子狂簡，進取不忘其初。』孔子在陳，何思魯之狂士？」孟子曰：「孔子不得中道而與之，必也狂獧乎。狂者進取，獧者有所不為也。孔子豈不欲中道哉？不可必得，故思其次也。」

狂簡者，謂其有進取之大志而略於事。因其志意高遠，故於日常當身之事為行動，不免心有所略。質美而學不至，則恐其過中失正，終不能達其志意之所望。故孔子欲歸而裁之。如有美錦，當求能裁製以為衣。若不知裁，則無以適用。孔子有志用世，既歎道不能行，乃欲一意還就教育事業上造就人才，以備繼我而起，見用於後世。此亦其明道行道之一端。孔子在未出仕前，早多門人從學，其去魯周遊，門人多留於魯，未能隨行，故孔子思之。孟子所言之狂狷，與《論語》本章言狂簡，意有微別，當分而觀之，但合以求之，則其義可通。

十、孔子自陳反衛

《史記‧孔子世家》：

孔子自楚反乎衛。是歲也，孔子年六十三，而魯哀公六年也。

是年，乃孔子自陳適楚之年，亦即楚昭王之卒歲，亦即孔子自楚反陳之年。孔子適楚，留滯不久，僅數月之間。由楚反，乃直接適衛，在陳特路過，更非有留滯之意。故自陳適楚至自楚反衛，始終只在一年中。

《孟子》：

於衛孝公，公養之仕也。

孔子反衛，當出公輒四年。魯哀公二年，衛靈公卒，衛人立輒。其後輒逃亡在外，故稱出公。故出公非其謚，或即謚孝公也。孔子之反衛，出公尚年少，計不過十四五歲，未能與孔子周旋，故《論語》不見出公問答語。則《孟子》所謂公養之仕，特是衛政府致饔餼孔子，孔子與其羣弟子餓於陳蔡之間，又適楚反陳而來衛，行李之困甚久，故亦受衛之祿養而不辭，殆非立其朝與聞其政始謂之仕也。

疑辨 十八

或疑《孟子》於衛孝公公養之仕，衛孝公乃陳湣公之誤。今按孔子仕陳，未見有所作為，亦可謂僅屬公養之仕矣。然謂衛孝公乃陳湣公之誤，則殊無證據。必謂字誤，焉知孝字非出字之誤乎？兼若謂孔子在出公時未仕衛，則子貢子路兩問皆似無端不近情理。則陳湣字誤之疑，大可不必。

冉有曰：「夫子之為衛君乎？」子貢曰：「諾，吾將問之。」入，曰：「伯夷叔齊何人也？」曰：「古之賢人也。」曰：「怨乎？」曰：「求仁而得仁，又何怨？」出，曰：「夫子不為也。」（七）

衛靈公時，太子蒯聵欲謀殺南子，被逐出奔。靈公與晉趙鞅有夙仇，叛晉暱齊。及魯哀公二年四月，靈公卒，趙鞅即納蒯聵入戚，其意實欲藉此亂衛逞宿忿。衛人拒蒯聵而立輒，輒即蒯聵之子。衛人之意，乃以拒晉。靈公生前自言予無子，是已不認蒯聵為子。無適子，立適孫，於禮於法亦無悖，蒯聵亦知其父與晉趙鞅有夙仇，且其父卒，南子尚在。今賴晉力以入，既背其父生前仇晉之素志，亦增南子不悅蒯聵而逐之之積恨。若果背其死父而殺其名義之母，將益堅國人之公憤。且衛人所立即其子，蒯聵又無內援，故其心亦非必欲強入。遂成子為君，父居外，內外對峙，至達十七年之久。孔子重反衛，已在衛出公四年，父子內外對峙之形勢早已形成。孔子與衛廷諸臣多舊識，今既受衛之公養，其對衛國當前此一種父子內外對峙之局面究抱何等態度，此為其隨行弟子所急欲明曉者。子貢長於言語，其見孔子，不直問衛輒之拒父，乃婉轉而問夷齊之讓國。伯夷決不肯違父遺命而立為君，叔齊亦不肯跨越其兄而自為君，於是相與棄國而逃。在夷齊當時，特各求其心之所安而已。去之則心安，故曰「求仁而得仁，又何怨」。今衛出公乃以子

拒父，其心當自有不安。苟其心有不安，可不問其他，徑求如夷齊之自求心安乃為賢。昔孔子在魯，曰：「季氏八佾舞於庭，是可忍，孰不可忍。」今在衛，乃稱伯夷叔齊之遜國為賢。可知孔子意，對外面現實政治上之種種糾紛皆可置為後圖，不急考慮，首先當自求己心所安。如夷齊，則心安。如衛輒，則其心終自不可安。己則居內為君，父則拒外為寇，若如此而其心無不安，則尚何世道可言。子貢亦非不知當時衛國現實政治上種種複雜形勢，乃皆撤去不問，獨選一歷史故事以伯夷叔齊為問，而孔子對於當前現實政治上之態度，亦即不問可知。則子貢之賢，亦誠值讚賞矣。

子路曰：「衛君待子而為政，子將奚先？」子曰：「必也正名乎？」子路曰：「有是哉！子之迂也。奚其正？」子曰：「野哉！由也。君子於其所不知，蓋闕如也。名不正則言不順，言不順則事不成，事不成則禮樂不興，禮樂不興則刑罰不中，刑罰不中則民無所措手足。故君子名之必可言也，言之必可行也。君子於其言，無所苟而已矣。」（十三）

子路此問，疑應在子貢之問之後。孔子既再仕於衛，子路乃問衛君苟待子為政，子將何先。子貢只問孔子是否贊成出公之為君，而又婉轉問之。今子路則直率以現實政事問。謂子若為政，將何

先，而孔子亦直率以現實政事對，曰：當先正名。正名即是正父子之名，不當以子拒父。然出公

居君位已有年，衛之羣臣皆欲如此，形勢已定。蒯聵先不知善諫其父，而遽欲殺南子，已負不孝

之名。其反而據戚，又藉其父宿仇趙鞅之力，故更為衛之羣臣所不滿。今孔子乃欲正輒與蒯聵間

父子之名，此誠是當時一大難題，故子路又有奚其正之問。此下孔子所答，只就人心大義原理原

則言。孔子意，惟當把握人心大義原理原則所在來領導現實，不當遷就現實，違反人心大義原理

原則而棄之於不顧。孔子在魯主張墮三都，即是如此。

但就現實言，孔子在當時究當如何來實施其正名之主張，遂引起後儒紛紛討論。或謂出公當

遜位迎父，告於先君，妥置南子，使天理人情兩俱不失其正。若蒯聵亦能悔悟，不欺其已死之父

以爭國，不自立為君，而命其子仍居君位，此是一最佳結束。若使蒯聵返而自立，在出公亦已如

夷齊之求仁得仁，又何怨。此是一說。或又謂蒯聵父在而欲弒其母，一不孝。父卒不奔喪，二不

孝。又率仇敵以侵宗邦，三不孝。衛輒即欲迎其父，衛之臣民必不願。故子路亦以孔子言為迂。

然越後至於衛出公之十二年，蒯聵終入衛，而輒出亡於魯。其年孔子尚在，兩年後始卒。孔

子固先已明言之，名不正則言不順，言不順則事不成。言不順者，不順於人心，即無當於大義，

則其事終不克圓滿遂成。衛輒固不知尊用孔子，待以為政，而子路亦未深明孔子當時之言，此後

乃仕為孔悝之家邑宰。孔悝即是擁輒拒蒯聵者。蒯聵之入，子路死之。後之儒者不明孔子之意，

即如《公羊》、《穀梁》兩傳亦皆以衛拒蒯聵為是。然衛人可以拒蒯聵，衛出公則不當拒蒯聵。惟《孟子》有瞽瞍殺人，舜竊之而逃，視天下猶棄敝屣之說，乃為深得孔子之旨。或又謂衛人立輒，可緩蒯聵必欲入衛之想，而使其不受趙鞅之愚。又謂拒蒯聵者非輒，乃衛之羣臣。蒯聵入，居於戚十餘年，乃由輒以國養。種種推測，皆可謂乃闡說了子路之意，為出公開脫，而並不在發揮孔子之主張。

或又謂蒯聵與輒皆無父之人，不可有國。孔子為政，當告諸天子，請於方伯，命公子郢而立之。公子郢，其人賢且智，衛人本欲立之，而堅拒不受。今謂出公尊用孔子，使之當政，而孔子乃主廢輒立郢，則又何以正孔子與輒君臣之名，且顯非《論語》本章所言正名之本意。

蓋孔子只從原理原則言，再由原理原則來指導現實，解決現實上之諸問題。後人說《論語》此章，則已先在心中橫梗著現實諸問題而多生計較考慮，原理原則不免已擱置一旁，又添出了許多旁義曲解，故於孔子本意終有不合。

或又謂衛輒拒父，孔子不應仕而受其祿。則不知孔子在當時僅是一士階層中人，若非出仕，何以自活。為士者亦自有其一套辭受出處進退之大義，此層待《孟子》作詳盡之闡發。惟孔子反衛，在衛出公四年，即魯哀公六年。其去衛反魯，在衛出公九年，即魯哀公十一年，前後當四五年之久。而《孟子》曰：「未嘗終三年淹。」若專指其仕於朝而言，則孔子在衛受衛出公之祿養

亦豈不足三年乎？抑孔子於衛出公，僅為公養之仕，又與正式立於其朝者有別乎？今亦無可詳說。然古今考孔子歷年行迹，為孟子此言所誤者多矣，故特著於此，以誌所疑。

十一、孔子自衛反魯

《左傳・哀公七年》：

公會吳於鄫，太宰嚭召季康子，康子使子貢辭。

又哀公十一年：

公會吳子伐齊，將戰，吳子呼叔孫，叔孫未能對，衛賜進曰云云。

在魯哀公七年至十一年之四年間，子貢似已仕魯，常往還於魯衛間。

又哀公十一年春：

齊伐魯，季孫謂其宰冉求曰云云。

是魯哀公十一年，冉求亦已反魯為季氏宰。

子路宿於石門，晨門曰：「奚自？」子路曰：「自孔氏。」曰：「是知其不可而為之者與？」（十四）

此章不知何時事，疑孔子在衛，子路殆亦往還魯衛間。孔子之告荷蓧丈人曰：「道之不行，已知之矣」。君子之仕，行其義也。天下事不可為，而在君子之義則不可不為。已知道不行，而君子仍當以行道為天職。此晨門可謂識透孔子心事。

《史記·孔子世家》：「季桓子病，輦而見魯城，喟然歎曰：昔此國幾興矣，以吾獲罪於孔子，故不興也。顧謂其嗣康子曰：我即死，若必相魯，相魯，必召仲尼。後數日，桓子卒，康子代立。已葬，欲召仲尼。公之魚曰：昔吾先君用之不終，終為諸侯笑。今又

用之不能終，是再為諸侯笑。康子曰：則誰召而可。曰：必召冉求。於是使召冉求。冉求將行，孔子曰：魯人召求，非小用之，將大用之也。是曰，孔子曰：歸乎歸乎。」今按：季桓子卒在魯哀公三年，孔子在陳欲歸歟尚在後。其自陳反衛，自無久滯於衛之理。乃之疑，是其時冉求亦隨侍在衛。惟當時諸弟子既知孔子不為衛君，先往還魯衛間，子貢仕魯應最在前，冉有或稍在後。季康子既非於桓子卒後即召孔子，亦非於孔子弟子中獨召冉子而大用之。《史記》言不可信。

《左傳‧哀公十一年》：

孔文子之將攻大叔也，訪於仲尼。仲尼曰：「胡簋之事，則嘗學之矣。甲兵之事，未之聞也。」退，命駕而行，曰：「鳥則擇木，木豈能擇鳥。」文子遽止之，曰：「圉豈敢度其私，訪衛國之難也。」將止，魯人以幣召之，乃歸。

是孔子歸魯在魯哀公之十一年。孔子稱孔圉能治賓客，《左傳》載孔圉使大叔疾出其妻，而妻之以己女。疾通於初妻之娣，圉怒，遂將攻太叔。太叔出奔，孔圉又使太叔之弟妻其女。

子貢問曰：「孔文子何以謂之文也？」子曰：「敏而好學，不恥下問，是以謂之文也。」

（五）

是子貢亦鄙孔圉為人而問之，惟孔子不沒其善，言若此亦足以為文矣。胡簋之事四句，同於孔子之答衛靈公。或孔子未必同以此語答孔圉，而記者誤以答靈公語移此。既不為孔圉留，亦不為孔圉去。魯人來召，孔子即行。亦不得據鳥擇木之喻，謂孔子在衛乃依孔圉。又孔子已命駕，乃又以孔圉止之而將止，似皆不可信。《左傳》此條補插於魯人召之乃歸之前。其先已記文子欲攻大叔，仲尼止之，可知此條係隨後羼入。後人轉以《左傳》此條疑《論語》衛靈公問陳章，大可不必。

《史記・孔子世家》：

季康子使公華公賓公林以幣迎孔子，孔子歸魯。孔子之去魯，凡十四歲而反乎魯。

〈孔子世家〉又曰：「冉有為季氏將師與齊戰於郎，克之。季康子曰：子之於軍旅，學之乎，性之乎。冉有曰：學之於孔子。季康子曰：孔子何如人哉？對曰云云。」此條與前康子欲召孔子而先召冉有條語相衝突，冉有語孔子云云尤淺陋。《左傳》言師及齊師戰於郊，此文誤作郎。蓋魯季氏本重孔子而用孔子之弟子，子貢冉有皆是。及用孔子弟子有功，乃決心召孔子。此乃當時大體情實。

第七章　孔子晚年居魯

一、有關預聞政事部分

《左傳・哀公十一年》：

季孫欲用田賦，使冉有訪諸仲尼。仲尼曰：「丘不識也。」三發，卒曰：「子為國老，待子而行，若之何子之不言也？」仲尼不對，而私於冉有曰：「君子之行也，度於禮，施取其厚，事舉其中，斂從其薄，如是則以丘亦足矣。若不度於禮，而貪冒無厭，則雖以田賦，將又不足。且子季孫若欲行而法，則有周公之典在。若欲苟而行之，又何訪焉。」弗聽。

魯人尊孔子以國老，初反國門，即以行政大事相詢。然尊道敬賢之心，終不敵其權衡利害之私。

季孫之於孔子，亦終是虛與委蛇而已。魯成公元年，備齊難，作丘甲，十六井出戎馬一匹，牛三

頭。此時魯數與齊戰，故欲於丘賦外別計其田增賦。

十有二年春，用田賦。

季氏將伐顓臾。冉有季路見於孔子，曰：「季氏將有事於顓臾。」孔子曰：「求！無乃爾

是過與？夫顓臾，昔者先王以為東蒙主，且在邦域之中矣，是社稷之臣也，何以伐為？」

冉有曰：「夫子欲之，吾二臣者皆不欲也。」孔子曰：「求！周任有言曰：『陳力就列，

不能者止。』危而不持，顛而不扶，則將焉用彼相矣？且爾言過矣！虎兕出於柙，龜玉毀

於櫝中，是誰之過與？」冉有曰：「今夫顓臾，固而近於費，今不取，後世必為子孫憂。」

孔子曰：「求！君子疾夫舍曰欲之而必為之辭。丘也聞有國有家者，不患寡而患不均，不

患貧而患不安。蓋均無貧，和無寡，安無傾。夫如是，故遠人不服，則修文德以來之。既

來之，則安之。今由與求也，相夫子，遠人不服而不能來也。邦分崩離析而不能守也。而

謀動干戈於邦內。吾恐季孫之憂，不在顓臾，而在蕭牆之內也。」（十六）

此事不知在何年。《左傳・哀公十四年》：

小邾射以句繹來奔，曰：「使季路要我，吾無盟矣。」使子路辭。季康子使冉有謂之曰：「千乘之國，不信其盟而信子之言，子何辱焉。」對曰：「魯有事於小邾，不敢問故，死其城下，可也。彼不臣而濟其言，是義之也。由弗能。」

此證是年子路尚仕魯。蓋冉有先孔子歸，仕季氏。訪田賦時，子路尚未仕。子路隨孔子歸後始仕季氏，其職位用事當在冉有下，故書冉有在子路之上也。《春秋》與《左氏傳》皆不見季孫伐顓臾事，殆以聞孔子言而止。

季康子問：「仲由可使從政也與？」子曰：「由也果，於從政乎何有？」曰：「賜也可使從政也與？」曰：「賜也達，於從政乎何有？」曰：「求也可使從政也與？」曰：「求也藝，於從政乎何有？」（六）

子貢、冉有早仕於魯，子路之仕稍在後。季康子賢此三人而問之，但亦終未能升此三人於朝，使

為大夫而從政。

季子然問：「仲由、冉求可謂大臣與?」子曰：「吾以子為異之問，曾由與求之問！所謂大臣者，以道事君，不可則止。今由與求也，可謂具臣矣。」曰：「然則從之者與?」子曰：「弒父與君，亦不從也。」（十一）

子然，季氏子弟，以其家得臣子路冉有二人，驕矜而問，故孔子折抑之。

季氏旅於泰山。子謂冉有曰：「女弗能救與?」對曰：「不能。」子曰：「嗚呼！曾謂泰山不如林放乎?」（三）

此季氏即康子。古禮，惟諸侯始得祭其境內之名山大川。季氏旅泰山，是其僭。冉有不能止，孔子非之。

冉子退朝，子曰：「何晏也?」對曰：「有政。」子曰：「其事也！如有政，雖不吾以，

吾其與聞之。」（十三）

其時，魯雖不用孔子，猶以大夫待之。故孔子亦自謂以吾從大夫之後也。冉子仕於季氏，每退朝，仍亦以弟子禮來孔子家，故孔子問以今日退朝何晏。又謂若有國家公事，我必與聞之也。

季氏富於周公，而求也為之聚歛而附益之。子曰：「非吾徒也，小子鳴鼓而攻之可也。」

（十一）

《孟子》：

冉求為季氏宰，無能改於其德，而賦粟倍他日。孔子曰：「求非我徒也，小子鳴鼓而攻之可也。」

孔子之歸老於魯，後輩弟子從學者愈眾，如子游、子夏、有子、曾子、子張、樊遲等皆是。孔子謂小子鳴鼓攻之，當指此輩言。魯政專於季氏，冉有見用，竟不能有所糾正，故孔子深非之也。

冉求曰：「非不說子之道，力不足也。」子曰：「力不足者，中道而廢，今女畫。」（六）

冉有在孔門，與季路同列為政事之選。孔子告季康子：「由也果，求也藝，於從政乎何有？」（六）孔子又曰：「求也退，故進之。由也兼人，故退之。」（一一）是在孔門，冉有常得與子路並稱。今季氏既重用冉子，孔子極望冉子能挽季氏於大道，而冉子自諉力不足。然果能說孔子之道，不能改季氏之德，則惟有恝然去之。今既不能恝然去，而又盡其力以助之。此孔子所以稱其畫，又稱其退也。見道在前，畫然自止，逡巡而退，非無其力，乃無一番堅剛進取之志氣耳。冉有既不符孔子所望，於是孔子晚年之在魯，在政事上所有之抱負遂亦無可舒展。

哀公問曰：「何為則民服？」孔子對曰：「舉直錯諸枉，則民服。舉枉錯諸直，則民不服。」（二）

《中庸》：

哀公問政，子曰：「文武之政，布在方策。其人存，則其政舉。其人亡，則其政息。」

其時，世卿持祿，多不稱職。賢者隱處，不在上位。若能舉直者錯之於枉者之上，則民自服。其告樊遲亦曰：「舉直錯諸枉，能使枉者直。」（十二）旋乾轉坤，實只在一舉錯之間。人存政舉，人亡政息，亦此意。總之是人能宏道，非道宏人也。

季康子問政於孔子。孔子對曰：「政者正也。子帥以正，孰敢不正？」（十二）

季康子患盜，問於孔子。孔子對曰：「苟子之不欲，雖賞之不竊。」（十二）

季康子問政於孔子，曰：「如殺無道以就有道，何如？」孔子對曰：「子為政，焉用殺？子欲善而民善矣。君子之德風，小人之德草。草上之風必偃。」（十二）

季康子問：「使民敬忠以勸，如之何？」子曰：「臨之以莊，則敬。孝慈，則忠。舉善而教不能，則勸。」（二）

孔子設教，不僅注意個人修行，其對家庭社會國家種種法則制度秩序，所以使人羣相處相安之道，

莫不注意。自孔子之教言，羣己即在一道中。為人之道即是為政之道，行己之道即是處羣之道。不僅是雙方兼顧，實則是二者合一。就政治言，治人者與治於人者同是一人，惟職責應在治人者，不在治於人者。其位愈高，其權愈大，則其職責亦愈重。故治人者貴能自反自省，自求之己。孔子答季康子問政諸條，語若平直，而寓義深遠。若不明斯義，不能修己，徒求治人，不知立德，徒求使民。人道不彰，將使政事惟在於爭權位，逞術數，恣意氣。覆轍相尋，而斯民日苦。惜乎季康子不足以語此。然既有所問，孔子不能默爾不答。凡孔子所答，則皆屬人生第一義。其答楚葉公，其答魯季康子，一則非諸夏，一則乃權臣，然果能如孔子語，亦可使一世同進於安樂康泰之境。此則聖人之道之所以為大也。

孔子曰：「以吾從大夫之後，不敢不告也。」（十四）

陳成子弒簡公，孔子沐浴而朝，告於哀公，曰：「陳恆弒其君，請討之。」公曰：「告夫三子。」孔子曰：「以吾從大夫之後，不敢不告也，君曰告夫三子者。」之三子告，不可。

《左傳・哀公十四年》：

齊陳恆弒其君壬於舒州，孔丘三日齊而請伐齊三。公曰：「魯為齊弱久矣，子之伐之將若之何？」對曰：「陳恆弒其君，民之不與者半，以魯之眾，加齊之半，可克也。」公曰：「子告季孫。」孔子辭，退而告人曰：「吾以從大夫之後也，故不敢不言。」

是年，孔子已年七十一。此為孔子晚年在魯最後發表之大政見。魯弱齊強，孔子非不知。然若必待絕對可為之事而後為，則事之可為者稀矣。然亦非孔子絕不計事之可為與否，而僅主理言。要之陳恆必當伐，以魯伐齊，亦非絕無可勝之理。孔子所計圖者如此而止。而魯君則必不能不先問之三家，三家各為其私，自必不肯聽孔子，此在孔子之在魯，亦從大夫之後，則何可不進讒言於其君與相，而必默爾而息乎。《左傳》載魯為齊弱一段，《論語》只標舉大義，細節諮商在所略。《論語》之三子告一段，則《左傳》無之，因事既不成，史籍可略。然三家擅魯，乃魯政積弱關鍵所在。孔子苟獲用於魯，其主要施為即當由此下手，故《論語》於此一節必詳記之也。

二、有關繼續從事教育部分

孔子晚年反魯，政治方面已非其主要意義所在，其最所屬意者應為其繼續對於教育事業之

進行。

子曰：「先進於禮樂，野人也。後進於禮樂，君子也。如用之，則吾從先進。」（十一）

先進後進，乃指孔門弟子之前輩後輩言。孔子周遊在外十四年。其出遊前諸弟子為先進，如顏閔、仲弓、子路等。其於禮樂，務其大體，猶存淳素之風。較之後輩轉似樸野。其出遊歸來後諸弟子，如子游、子夏等為後進。於禮樂講求愈細密，然有趨於文勝之概。孔子意，當代若復用禮樂，吾當從先進諸弟子。蓋孔子早年講學，其意偏重用世。晚年講學，其意更偏於明道。來學者受其薰染，故先進弟子更富用世精神，後進弟子更富傳道精神。孔門諸弟子先後輩風氣由此有異。

子曰：「從我於陳蔡者，皆不及門也。」德行：顏淵、閔子騫、冉伯牛、仲弓。言語：宰我、子貢。政事：冉有、季路。文學：子游、子夏。（十一）

孔子在陳，思念在魯之弟子。及其反魯，又思及往年相從出遊諸弟子。或已死，或離在遠，皆不及門，謂不及在門牆之內，同其講論之樂也。德行、言語、政事、文學四科十哲，乃編撰《論語》

者因前兩章孔子所言而附記及之，以見孔門學風之廣大。言語指使命應對，外交辭令。其時列國交往頻繁，政出大夫，外交一項更屬重要，故言語乃列政事前。文學一科，子游、子夏乃後輩弟子，其成就矯然，蓋有非先輩弟子所能及者。至於德行一科，非指其外於言語、政事、文學而特有此一科，乃是兼於言語、政事、文學而始有此一科。

《孟子·公孫丑》曰：

昔者竊聞之，子夏、子游、子張皆有聖人之一體。冉牛、閔子、顏淵則具體而微。

冉、閔、顏三人皆列德行，正謂其為學之規模格局在大體上近似於孔子，只氣魄力量有不及。若偏於用世，則為言語、政事。偏於傳述，則為文學。蓋孔子之學以一極單純之中心為出發點，而擴展至於無限之周延。其門弟子各就才性所近，各視其智力之等第，淺深高下，偏全大小，各有所成，亦各有所用。《論語》記者雖分之為四科，然不列德行之科者，亦未嘗有背於德行。其不預四科之列者，亦未嘗不於四科中各有其地位。此特指其較為傑出者言耳。

〔疑辨二十〕

宰我、子貢同列言語之科。《孟子》曰：「宰我、子貢善為說辭。」又曰：「宰我、子貢、有若，智足以知聖人。」宰我曰：「以予觀於夫子，賢於堯舜遠矣。」在孔子前輩弟子中，宰我實亦矯然特出，決非一弱者。惟《論語》載宰我多不美之辭，《史記·仲尼弟子列傳》有云：「學者多稱七十子之徒，譽者或過其實，毀者或損其真。」竊疑於宰我為特甚。語詳拙著《先秦諸子繫年·宰我死齊考》。

孔子於諸弟子中特賞顏淵。嘗親謂之曰：

用之則行，舍之則藏，惟我與爾有是夫。（七）

《論語》記德行一科，有閔子騫、冉伯牛、仲弓，而顏淵褒然為之首。此四人皆應能舍之則藏，不汲汲於進取。孔子所以更獨喜顏淵，必因顏淵在用之則行一面有更高出於三人之上者。故孔子獨以惟我與爾有是稱之。

顏淵問為邦，子曰：「行夏之時，乘殷之輅，服周之冕，樂則韶舞。放鄭聲，遠佞人。鄭聲淫，佞人殆。」（十五）

此章孔子答顏淵問政，與答其他諸弟子問如子路、仲弓、子夏諸人者皆不同。孔子詳述為政要端貴能斟酌歷史演進，損益前代，折衷一是。其主要在禮樂上求能文質兼盡。不啻使政事即如一番道義教育，陶冶人生，務使止於至善，而於經濟物質方面亦所不忽。惟均不涉及抽象話，只是在具體事實上逐一扼要舉例。至其間種種所以然之故，今既時異世易，無可詳論。惟行夏時一項，則為後世遵用不輟。今即就孔子之所告，足證顏淵有此器量才識，故孔子特詳告之，又以用之則行許之也。

（六）

《孟子》：

子曰：「賢哉回也！一簞食，一瓢飲，在陋巷。人不堪其憂，回也不改其樂，賢哉回也！」

顏子當亂世，居於陋巷。一簞食，一瓢飲，人不堪其憂，顏子不改其樂。

是顏淵之窮窘屢空，生事艱困，蓋亦在孔門其他諸弟子之上。宋儒周濂溪嘗教程明道、伊川兄弟，令尋仲尼、顏淵樂處，所樂何事？成為宋元明三代理學家相傳最高嘉言，而顏子之德行高卓，亦於此可想。

顏淵死，子曰：「噫！天喪予！天喪予！」（十一）

顏淵死，顏路請子之車以為之椁。子曰：「才不才，亦各言其子也。鯉也死，有棺而無椁。吾不徒行以為之椁，以吾從大夫之後，不可徒行也。」（十一）

《史記‧孔子世家》：

伯魚年五十，先孔子卒。

是伯魚之卒，孔子當年六十九。顏路，淵之父，少孔子六歲，最先受學於孔子。孔子既深愛顏淵，故顏路有此請。然喪禮當稱家之有無，安於禮，斯能安於貧。孔子拒顏路之請，亦即其深賞顏淵之處。墨家後起，以崇禮厚葬破財傷生譏儒家，可見其未允。

顏淵少孔子三十歲，年四十一卒，孔子年七十一，在魯哀公之十四年。孔子曰：「道之將行也與，命也。道之將廢也與，命也。」（十四）孔子於顏淵獨寄以傳道之望。亦盼身後，顏子或猶有出而行道之機會，故孔子於其先卒而發此歎。

顏淵死，子哭之慟。從者曰：「子慟矣。」曰：「有慟乎？非夫人之為慟而誰為。」

（十一）

顏淵死，門人欲厚葬之。子曰：「不可！」門人厚葬之。子曰：「回也，視予猶父也，予不得視猶子也。非我也，夫二三子也。」（十一）

其父其師均不能厚葬顏淵，其同門同學不忍坐視，終於厚葬之。孔子之歎，固是責其門人多此一舉，然亦非謂諸門人必不該有此舉。孔子固視顏淵猶子，諸門人平日於顏淵亦羣致尊親，豈不亦

視之如兄弟，則為能熟視其貧無以葬？但既出羣力經營，其事亦自不宜過於從薄。此當時孔門師弟子一堂風義，雖在兩千載之下，亦可想見如昨矣。

哀公問：「弟子孰為好學？」孔子對曰：「有顏回者好學，不遷怒，不貳過，不幸短命死矣。今也則亡，未聞好學者也。」（六）

孔子稱顏子之好學，乃稱其能在內心深處用功，與只注意外面才能事功上者不同。

子曰：「回也，其心三月不違仁，其餘則日月至焉而已矣。」（六）

仁即人心之最高境界。孔子以此為教。顏子用功縝密，故能歷時三月之久，而此心常在此境界中。其餘諸弟子或曰一達此境界，或月一達此境界。工夫不縝密，故遂時斷時續，時得時失。是孔子之深愛愛顏淵，固仍在此內心工夫上也。

顏淵喟然歎曰：「仰之彌高，鑽之彌堅，瞻之在前，忽焉在後。夫子循循然善誘人，博我

以文，約我以禮。欲罷不能，既竭吾才，如有所立卓爾，雖欲從之，末由也已。」（九）

觀此章，知顏淵之善學。博我以文者，如孔子告顏子以夏時、殷輅、周冕、韶武之類是也。約我以禮者：

顏淵問仁。子曰：「克己復禮為仁。一日克己復禮，天下歸仁焉。為仁由己，而由人乎哉。」顏淵曰：「請問其目。」子曰：「非禮勿視，非禮勿聽，非禮勿言，非禮勿動。」顏淵曰：「回雖不敏，請事斯語矣。」（十二）

於大羣中一己之私當克，其公之出於己者當由。視聽言動皆由己，皆當約之以禮，使其己歸之公而非私。顏子實踐此工夫，其身心無時無刻不約束於禮之中而不復有私，故能緜密至於不遷怒，不貳過，其心三月不違仁。《易・繫辭傳》有曰：

顏氏之子，其殆庶幾乎。有不善，未嘗不知，知之未嘗復行也。

此亦即同樣道出顏子之心上工夫。惟顏子能在此心地工夫上日精日進，故能居陋巷，簞食瓢飲而不改其樂。然顏子所樂，尚有在博文一邊者。即以莊周語說之，莊周僅能欣賞顏淵之內聖，而不能欣賞及於顏淵之外王，是尚未能真欣賞。至於東漢人以黃憲擬顏子，謂「叔度汪汪如千頃陂，澄之不清，擾之不濁」，此特是一種虛空的局度氣象，殆只以名利不入其心為能事，既不見約禮內聖之功，更不論博文外王之大矣。

子謂顏淵，曰：「惜乎！吾見其進也，吾未見其止也。」（九）

今若以顏子直擬孔子，不幸其短命而死，其學問境界當亦在孔子四十不惑上躋五十知天命之階段，而猶有「仰之彌高，鑽之彌堅，瞻之在前，忽焉在後，如有所立卓爾」之歎。在顏子之瞻仰於孔子之為人與其為學者，正猶天之不可階而升。故曰：「雖欲從之，末由也已。」（九）果使顏子更高壽，年逾五十以上，其學日進，殆亦將有如孔子「人不知而不慍」，「知我者其天歟」之境界，而惜乎其未達此境。然後人欲尋孔子之學，則正當以顏子為階梯。

《左傳·哀公十五年》……

衛孔圉取太子蒯瞶之姊，生悝。太子在戚，入適伯姬氏，迫孔悝強盟之，遂劫以登台。衛侯輒來奔。季子將入，遇子羔將出，子羔曰：「弗及，不踐其難。」季子曰：「食焉不辟其難。」子羔遂出。子路入，曰：「太子焉用孔悝。雖殺之，必或繼之。」且曰：「太子無勇，若燔臺半，必舍孔叔。」太子聞之懼，下石乞盂黶敵子路，以戈擊之，斷纓。子路曰：「君子死，冠不免。」結纓而死。孔子聞衛亂，曰：「柴也其來，由也死矣。」

子羔，孔子弟子高柴，為衛大夫。遇亂出奔。勸子路，政不及己，可不踐其難。子路時為孔悝之邑宰，孔悝見劫，故往救之。孔子固不予輒之拒其父，然蒯瞶之返而爭國，孔子亦不之許。子羔為輒遠臣，並不預聞政事，孔子知其不反顏事蒯瞶，必能潔身而去，故曰柴也其來。子路為救孔悝，孔子知其不畏難避死，必將以身殉所事，故曰由也死矣。

〈檀弓〉：

孔子哭子路於中庭。有人弔者，而夫子拜之。既哭，進使者而問故。使者曰：「醢之矣。」

遂命覆醢。

《公羊傳》：

顏淵死，子曰：「噫，天喪予。」子路死，子曰：「噫，天祝予。」

孔門前輩弟子中，子路年最長，顏淵年最幼，而同為孔子所深愛。大抵孔子晚年在用世上，子路每為之羽翼。而在傳道上，則顏淵實為其蟬蛉。今兩人俱先孔子亡故，此誠孔子晚年最值悲傷之事也。

仲弓為季氏宰，問政。子曰：「先有司，赦小過，舉賢才。」曰：「舉爾所知。爾所不知，人其舍諸？」（十三）

子曰：「雍也可使南面。」（六）

仲弓在德行科，名列顏閔之次，孔子許其可南面。而荀卿常以孔子子弓並稱，是亦孔門前輩弟子中之高第。其仕季氏，當亦在孔子老而反魯之後。冉有、子路同仕季氏，或子路去衛而仲弓繼之，今不可詳考矣。孔子固未嘗禁其門人之出仕於季氏，唯如冉有為之聚斂，乃遭斥責。然仲弓必是

仕於季氏不久，故無表白可言。凡季氏之所用，如子路，如子貢，如仲弓，皆不能如冉有之信而久，而諸人間之高下亦即視此而判矣。

子貢問政。子曰：「足食，足兵，民信之矣。」子貢曰：「必不得已而去，於斯三者何先？」曰：「去兵。」子貢曰：「必不得已而去，於斯二者何先？」曰：「去食。自古皆有死，民無信不立。」（十二）

子曰：「賜也，女以予為多學而識之者與？」對曰：「然，非與？」曰：「非也，予一以貫之。」（十五）

子謂子貢曰：「女與回也孰愈？」對曰：「賜也何敢望回。回也聞一以知十，賜也聞一以知二。」子曰：「弗如也。吾與女弗如也。」（五）

子貢僅少顏淵一歲，同為孔子前期學生中之秀傑，列言語科。孔子自衛反魯，子貢常為魯使吳齊。《左傳》多載子路、冉有、子貢三人之事，而子貢為尤多，然亦不得大用。孔子問其與回孰愈，

又稱吾與汝俱弗如，見孔子於兩人皆所深喜。孟子曰：「得天下英才而教育之，一樂也，而王天下不與焉。」孔子晚年反魯，其門牆之內英才重疊，其對教育上一番快樂愉悅之情，即從吾與女弗如一語中亦可想見。子貢以聞一知二與顏子聞一知十相比，故孔子又告之以一貫之道也。

子貢曰：「夫子之文章，可得而聞也。夫子之言性與天道，不可得而聞也。」（五）

為學，而兩人之高下亦即於此可見。

子貢之歎不可得聞，亦猶顏淵之歎末由也已。惟顏淵之意偏在孔子之為人，子貢之意偏在孔子之文章指詩書禮樂文物制度，亦可謂之形而下。此即孔子博文之教也。性與天道，性指人之內心深處所潛藏，天道指天命之流行，孔子平日較少言之。孔子只教人以約禮，欲人於約禮中自窺見之。

子曰：「回也其庶乎，屢空。賜不受命，而貨殖焉，億則屢中。」（十一）

古者商賈皆貴族官主，子貢則不受命於官而自為之也。《史記・貨殖列傳》，子貢居首，謂其「廢貯鬻財於曹魯之間。七十子之徒，賜最為饒益」。又曰：「子貢結駟連騎，束帛之幣以聘享諸侯，

所至國君，無不分庭抗禮，使夫子名布揚於天下，子貢先後之也。」蓋子貢以外交使節往來各地，在彼積貯，在此發賣，其事輕而易舉，非若專為商賈之務於羅賤販貴也。顏淵簞瓢屢空，孔子深賞之。子貢貨殖，為中國歷史上私家經商之第一人，孔子亦不加斥責。正如顏淵陋巷不仕，孔子深賞之，而如子路、仲弓、子貢、冉有之出仕，孔子亦所不禁。當時孔子門牆之內，亦如山之廣大，草木生之，禽獸居之，寶藏興焉。水之不測，黿鼉蛟龍魚鱉生焉，貨財殖焉，所謂如天地之化育。

衛公孫朝問於子貢曰：「仲尼焉學？」子貢曰：「文武之道，未墜於地，在人。賢者識其大者，不賢者識其小者，莫不有文武之道焉。夫子焉不學，而亦何常師之有？」（十九）

（九）

太宰問於子貢曰：「夫子聖者與？何其多能也！」子貢曰：「固天縱之將聖，又多能也。」

此太宰當是吳太宰，即伯嚭。

叔孫武叔語大夫於朝曰：「子貢賢於仲尼。」子服景伯以告子貢。子貢曰：「譬之宮牆，賜之牆也及肩，窺見室家之好。夫子之牆數仞，不得其門而入，不見宗廟之美，百官之富。得其門者或寡矣。夫子之云，不亦宜乎？」（十九）

叔孫武叔毀仲尼，子貢曰：「無以為也。仲尼，不可毀也。他人之賢者，丘陵也，猶可踰也。仲尼，日月也，無得而踰焉。人雖欲自絕，其何傷於日月乎？多見其不知量也。」

（十九）

陳子禽謂子貢曰：「子為恭也，仲尼豈賢於子乎？」子貢曰：「君子一言以為知，一言以為不知。言不可不慎也。夫子之不可及也，猶天之不可階而升也。夫子之得邦家者，所謂立之斯立，道之斯行，綏之斯來，動之斯和。其生也榮，其死也哀，如之何其可及也。」

（十九）

陳子禽亦孔子弟子陳亢。此一問答當在孔子卒後。其時孔門諸弟子前輩如顏淵、子路以及閔子騫、仲弓諸人皆已先卒。後輩如游、夏、有、曾之徒，名德未顯。子貢適居前後輩之間，其名譽事業

早已著聞，而晚年進德亦必有過人者。故子禽意謂先師道雖賢，亦未必勝子貢也。上引諸章，見子貢在當時昌明師道之功為偉。惟子貢仕宦日久，講學日少，故不能如游、夏、有、曾之見於後人之稱述，此亦見孔門諸弟子先後輩時代之不同。

子游、子夏列四科中之文學，為後輩弟子中之秀出者。

子謂子夏曰：「汝為君子儒，毋為小人儒。」（六）

儒業為孔子前所已有。凡來學於孔子者，初為求食來，而孔子教之以求道。志於道則為君子儒，志於食則為小人儒。然又曰：「三年學，不志於穀，不易得也。」孔子弟子皆以儒業仕宦，孔子並不之非，惟孔子又教以求食勿忘道耳。

（十三）

子夏為莒父宰，問政。子曰：「無欲速，無見小利。欲速則不達，見小利則大事不成。」

子夏少孔子四十四歲。孔子未卒前，子夏已為邑宰。蓋孔門後輩弟子已從仕易得，較前輩從學時

大不同，此徵孔門講學聲光日著，亦可以見世變。

子游為武城宰，子曰：「女得人焉爾乎？」曰：「有澹臺滅明者，行不由徑，非公事，未嘗至於偃之室也。」（六）

子游少孔子四十五歲，亦少年出仕。澹臺滅明由識子游，乃亦遊孔子之門。《史記·仲尼弟子列傳》謂：「滅明南遊至江，從弟子三百人，設取予去就，名施乎諸侯。」〈儒林傳〉云：「孔子卒後，子羽居楚。」孔道之行於南方，子羽有力焉。武城近吳、魯南境，當吳越至魯之衝。蓋亦由滅明之揄揚，故子游之名盛於吳，遂有誤為子游吳人者。孔子周遊反魯，及其身後，儒學之急激發展及其影響於當時之社會者，亦可於此覘之。

子之武城，聞弦歌之聲。夫子莞爾而笑曰：「割雞焉用牛刀？」子游對曰：「昔者偃也聞諸夫子曰：『君子學道則愛人，小人學道則易使也。』」子曰：「二三子！偃之言是也，前言戲之耳。」（十七）

武城在魯邊境，孔子特以子游年少為宰，親率門弟子往觀政，見子游能興庠序之教，得聞其弦歌之聲，孔子意態之歡樂亦可知。然孔子歎先進於禮樂猶野人，而謂如用之則吾從先進。是孔子之意，終自屬意於先進弟子，德行之科者不論，即如言語政事子貢、子路，雖其文學博聞之功若或不逮於游夏，然用世可有大展布，為後進弟子所不及。孔門先後輩從學，精神意趣人物才具多相異，此亦世變之一端也。

孔門後輩弟子，游、夏外，又有有子、曾子。

《左傳·哀公八年》：

微虎欲宵攻王舍，私屬徒七百人，三踴於幕庭，卒三百人，有若與焉。及稷門之內。或謂季孫曰：「不足以害吳，而多殺國士，不如已也。」乃止之。吳子聞之，一夕三遷。

有子少孔子三十三歲，是年有子年二十四。經三踴之選，獲在三百之數，其英風可想。及孔子歸，乃從學。

哀公問於有若曰：「年饑，用不足，如之何？」有若對曰：「盍徹乎？」曰：「二，吾猶

不足，如之何其徹也？」對曰：「百姓足，君孰與不足？百姓不足，君孰與足？」（十二）

稅田十取一為徹。哀公十二年用田賦，又使按畝分攤軍費。是年及下年皆有蟲災，又連年用兵於邾，又有齊警，故說年饑而用不足。有若教以只稅田，不加賦，針對年饑言。哀公慮國用不足，故有子言百姓足君孰與不足也。不知有子當時在魯仕何職，然方在三十時已獲面對魯君之問，較之孔子三十時情況，自見世變之亟，而儒風之日煽矣。

《孟子》：

子夏、子張、子游以有若似聖人，欲以所事孔子事之。彊曾子。曾子曰：「不可。江漢以濯之，秋陽以暴之，皜皜乎不可尚矣。」

游、夏、子張、曾子皆當少有子十歲以上。在孔門後輩弟子中，有子年齒較尊。三子者以有子似聖人，則有子平日必有言行過人，而獲同門之推信。曾子亦非不尊有子，特謂無可與孔子相擬而已。《孟子》曰：「宰我子貢有若智足以知聖人。」又述有子之言曰：「麒麟之於走獸，鳳凰之於飛鳥，泰山之於邱垤，河海之於行潦，類也。聖人之於人，亦類也。出於其類，拔乎其萃，自生

民以來，未有盛於孔子也。」有子之盛推孔子，可謂宰我、子貢以後無其倫。然有子既知孔子為生民以來所未有，則其斷斷不願游、夏、子張以所以事孔子者事己亦可知。孟子亦僅言游、夏、子張欲以所事孔子者事有若，固未言有子乃果自居於師位也。

〈檀弓〉又載曾子責子夏，以使西河之民疑汝於夫子為一罪，則曾子亦知盛尊其師，當為子夏輩所不及。子夏有曰：「日知其所亡，月無忘其所能，可謂好學也已矣。」（十九）其於為學，終不免偏於文學多聞之一面。而有、曾兩子則能從孔子之學，上窺孔子之人，更近於前輩弟子中德行之一科。故孔子晚年，真能盛推孔子，以為無可企及者，惟有、曾二子。後人謂今傳《論語》多出於有、曾二子門人之所記。故〈學而〉首篇，第二章即有子語，第四章即曾子語。蓋孔子身後，真能大孔子之傳者，有、曾二子之功應猶在游、夏、子張諸人之上。惟〈學而〉篇首有子，次曾子，則有子地位在孔子身後諸弟子所共認中似尚在曾子之前。而〈子張〉篇備記子張、子夏、子游、乃及曾子、子貢之言，獨不及有子。殆似有子之傳學不盛，而曾子之後有子思、孟子，遂為孔門後輩弟子中獨一最受重視之人。宋儒謂曾子獨傳孔子之學，亦不能謂其全無依據。

《史記・仲尼弟子列傳》：「孔子既沒，弟子思慕，有若狀似孔子，相與共立為師，

師之如孔子時。」竊謂當時諸弟子欲共師有子，必以有子之學問言行有似於孔子，決不以其狀貌之相似。此下有子傳學不盛，聲光漸淡，遂訛為狀似之說，決非當時之情實也。《史記》又載有子不能對羣弟子所問，遂為弟子斥其避座，語更淺陋，荒唐不足信。惟師道由孔子初立，孔子沒，羣弟子驟失聖師，思慕之深，欲在同門中擇一稍似吾師者而師事之，此種心情非不可有。其後墨家踵起，乃有鉅子之制。一師卒，由其遺命另立一師共奉之，如此則使學術傳統近似於宗教傳統，較之孔門遠為不逮矣。故知曾子之堅拒同門之請，有子之終避師座而弗居，皆為不可及。

曾參，曾點之子，少孔子四十六歲。孔子卒，曾子年僅二十七，於孔門中最為年少。孔子稱參也魯，似其姿性當不如游、夏之明敏。在孔子生時，曾子似無獨出於諸門人之上之證，惟孔子孫子思曾師事曾子，而孟子又師事於子思之門人，故《孟子》書中屢屢提及曾子、子思。下逮宋儒，始於孔子身後儒家中特尊孟子，又以為《大學》出於曾子，《中庸》出於子思，合《語》、《孟》、《學》、《庸》為四書，於是孔子以下，乃奉顏、曾、思、孟為四哲。顏淵固孔子生前所親許，惟今《論語》中乃殊不見孔子特別稱許曾子語，四科亦不列曾子。是當孔子時，曾子於羣弟子中尚未見為特出。曾子之成學傳道，其事當在孔子之身後。而孔子之學，則當以曾子之傳為最

純，由是而引生出孟子，是亦孔子生前所未預知也。

其他所言，略加申釋。

孔子以吾道一以貫之告子貢，同亦以此告曾子。此乃孔子晚年始發之新義。今試據《論語》孔子

曰：「夫子之道，忠恕而已矣。」（四）

子曰：「參乎！吾道一以貫之。」曾子曰：「唯。」子出，門人問曰：「何謂也？」曾子

子曰：「志於道，據於德，依於仁，游於藝。」（七）

孔子之道即是仁道，仁道即人道也。人道必以各自之己為基點，為中心。故其告顏淵曰：「為仁由己，而由人乎哉。」德為己心內在所得。孔子三十而立，即是立己德也。五十而知天命，乃知己德即由天命。故曰：「天生德於予。」（七）至此而天人內外本末一體。孔子所云之一貫，即一貫之於此心內在之德而已。孔子不言性與天道，因性自天賦，德由己立，苟己德不立，即無以明此性，非己德亦無以行人道。人道不行，斯天道亦無由見。故孔子只言己德與人道，而性與天道

則為其弟子所少聞也。此德雖屬己心內在所得，亦必從外面與人相處，而後此德始顯。故曰據於德，又曰依於仁。從人事立己心，亦從己心處人事。仁即是此心之德，德即是此心之仁，非有二也。依據於此而立心處世，即是道。若分而言之，乃有禮樂射御書數諸藝，皆為人生日用所不可闕，亦為此心之德之仁所當涵泳而優遊。

子云：「吾不試，故藝。」（九）

太宰問於子貢曰：「夫子聖者與？何其多能也！」子貢曰：「固天縱之將聖，又多能也。」子聞之，曰：「太宰知我乎？吾少也賤，故多能鄙事。君子多乎哉？不多也。」牢曰：「子

故孔子身通六藝，時人皆以多能推孔子。然孔子所志乃在道。藝亦有道，然囿於一藝則只成小道。故孔子又稱之曰鄙事。而孔子必教人游於藝，此所謂小德川流，大德敦化。則藝即是道而不鄙矣。

達巷黨人曰：「大哉孔子！博學而無所成名。」子聞之，謂門弟子曰：「吾何執？執御乎？執射乎？吾執御矣。」（九）

執一藝即不能游於藝。孔子言若使我於藝有執，專主一藝以成名，則執射不如執御。因御者為人僕，其事尤卑於射。事愈卑，專執可愈無害，又焉能勝任而愉快乎。行道乃大事，執一藝，又焉能勝任而愉快乎。

曾子曰：「夫子之道，忠恕而已矣。」盡己之心為忠，推己心以及人為恕。忠恕即己心之德也。《論語》第二章，有子即言孝弟。下至孟子，亦曰：「堯舜之道，孝弟而已矣。」孝弟亦即是己心之德。有、曾、孟子三人之言忠恕孝弟，皆極簡約平易，人人可以共由，並皆有當於孔子一貫之旨。惟孔子言一貫，則義不盡於此。宋儒謂《論語》此章，曾子一唯，乃是其直契孔子心傳，此乃附會之於佛門禪宗故事，決非當時之實況。

今試再推擴言之。

陳亢問於伯魚曰：「子亦有異聞乎？」對曰：「未也。嘗獨立，鯉趨而過庭。曰：『學詩乎？』對曰：『未也。』『不學詩，無以言。』鯉退而學詩。他日，又獨立。鯉趨而過庭。曰：『學禮乎？』對曰：『未也。』『不學禮，無以立。』鯉退而學禮。聞斯二者。」陳亢退而喜曰：「問一得三。聞詩，聞禮，又聞君子之遠其子也。」（十六）

此見孔子平日之教其子，亦猶其教門人，主要不越詩與禮兩端。詩教所重在每一人之內心情感，

禮則重在人羣相處相接之外在規範。孔子之教，心與事相融，內與外相洽，內心外事合成一體，而人道於此始盡。孔子之教詩教禮，皆本於自古之相傳。故曰：「述而不作，信而好古。」（七）然孔子之傳述詩禮，乃能於詩禮中發揮出人道大本大原之所在，同時亦即為一種極精微之文章可得而聞者。其晚年弟子中，如子夏長於詩，子游長於禮，此皆所謂夫子之文章可得而聞者。然孔子之傳述詩禮，乃能於詩禮中發揮出人道大本大原之所在，同時亦即為一種極高明極廣大之新開創，有古人所未達之境存其間，此則孔子之善述，與僅在述舊更無開新者絕不同類。抑且孔子之善述，其事猶不盡於此。孔子常言仁智，詩禮之教通於仁智，而仁智則超於詩禮之上，而更有其崇高之意義與價值。詩與禮乃孔子之述古，仁與智則孔子之闡新。惟孔子不輕以仁智許人，亦每不以仁智自居。

《孟子》：

子貢問於孔子曰：「夫子聖矣乎？」孔子曰：「聖則我不能，我學不厭而教不倦也。」子貢曰：「學不厭，智也。教不倦，仁也。仁且智，夫子既聖矣。」

孝弟盡人所能，忠恕亦盡人所能。然孔子又曰：

十室之邑，必有忠信如丘者焉，不如丘之好學也。（五）

言忠信，亦猶言孝弟忠恕，皆屬此心之德，而孔子之尤所勉人者則在學。學不厭，亦非人所不能，亦應為盡人所能。孔子自曰：「十有五而志於學。」一部《論語》即以「學而時習之」開始。聖人雖高出於人人，然必指示人人有一共由之路，使人可以由此路以共達於聖人之境，乃始為聖人之大仁大智。此路緊何，則曰學。

子曰：「若聖與仁，則吾豈敢？抑為之不厭，誨人不倦，則可謂云爾已矣。」公西華曰：「正唯弟子不能學也。」（七）

孔子之告公西華，亦猶其告子貢。孔子只自謙未達其境，然固明示人以共達此境之路。千里之行，起於腳下。若為之而厭，半路歇腳，則何以至。公西華乃曰：「正唯弟子不能學。」其意本欲說不能行千里，乃若說成了不能舉腳起步，不知孔子教人乃正在教人舉腳起步也。惟子貢所言，乃極為深通明白，學不厭即是智，教不倦即是仁。行達千里，亦只是不斷地在舉腳起步而已。孔子之言仁與智，亦有一條簡約平易，人人可以共由之路。

子曰：「由！誨女知之乎。知之為知之，不知為不知，是知也。」（二）

此章非孔子專以誨子路，亦乃可以誨人人者。每一人皆要能分別得自己的知與不知，莫誤認不知以為知。亦不當於己之不知處求，當從己之所知處求，如此自能從己之所知以漸達於己之所不知。

（十一）

季路問事鬼神。子曰：「未能事人，焉能事鬼？」「敢問死。」曰：「未知生，焉知死？」

此章把人事與鬼神，生與死，作一劃分。孔子只教人求知人生大道，如孝弟，如忠恕，此應盡人所可知，亦是盡人所能學。孔子不教人闖越此關，於宇宙鬼神己所不知處去求，是孔子言知，極簡約平易，可使人當下用力也。

子曰：「吾有知乎哉？無知也。有鄙夫問於我，空空如也。我叩其兩端而竭焉。」（九）

此鄙夫心有疑，故來問。孔子即以其所問之兩端、正反、前後等罄竭反問，乃使此鄙夫轉以問變

成為答。鄙夫自以其所知為答，而其所不知亦遂開悟生知。故孔子又曰：

不憤不啟，不悱不發。舉一隅，不以三隅反，則不復也。（七）

孔子之循循善誘，教人由所知以漸達於所不知之境。此為孔子言知之最簡約平易處。

（六）

子貢曰：「如有博施於民而能濟眾，何如？可謂仁乎？」子曰：「何事於仁，必也聖乎？堯舜其猶病諸！夫仁者，己欲立而立人，己欲達而達人，能近取譬，可謂仁之方也已。」

天地萬物，一切莫近於己。己欲立，始知人亦欲立。己欲達，始知人亦欲達。知如何立己，即知如何立人。知如何達己，即知如何達人。己之欲立達，出於己心。能盡此心，即忠。推此心以及人，即恕。此為孔子言仁之最簡約平易處。

子曰：「仁遠乎哉？我欲仁，斯仁至矣。」（七）

人莫不各有一己，己莫不各有一心。此心無不欲己之能立能達。此心同，此欲同，即仁之體。此仁體即在己心中，故曰不遠，欲之斯至也。孔子言吾道一以貫之，即貫之以此耳。孔子十有五而志於學，即欲立欲達也。三十而立，四十而不惑，不惑即是達。五十而知天命，則是天人一體。學不厭，教不倦，盡在其中。忠恕之道亦至是而盡也。

三、有關晚年著述部分

子曰：「吾自衛反魯，然後《樂》正，《雅》《頌》各得其所。」（九）

孔子以詩教，詩與樂有其緊密相聯不可分隔之關係。中國文字特殊，詩之本身即涵有甚深之音樂情調。古詩三百，無不入樂，皆可歌唱。當孔子時，詩樂尚為一事。然詩言志，歌永言，聲依永，律和聲，則樂必以詩為本，詩則以人之內心情志為本。有此情志乃有詩，有詩乃有歌。而詩與樂又必配於禮而行。孔門重詩教，亦重禮教，即在會通人心情志，以共達於中正和平之境。

詩有雅頌之別。頌者，天子用之郊廟，形容其祖先之盛德，即以歌其成功。又有「雅」，用之朝廷。《大雅》所陳，其體近頌。遠自后稷古公，近至於文王受命，武王伐殷，西周史迹，詳於《詩》中之《雅》、《頌》，尤過於西周之書。《小雅》所陳，則如飲宴賓客，賞勞羣臣，遣使睦鄰，

秉鉞專征，亦都屬政治上事。故〈大雅〉與〈頌〉為天子之樂，〈小雅〉為諸侯之樂，〈風〉詩鄉樂則為大夫之樂。《詩》與《禮》與《樂》之三者，一體相關，乃西周以來治國平天下之大典章所繫。至如當孔子時，三家者以雍徹，不僅大夫專政，驕僭越禮，亦因自西周之亡，典籍喪亂，故孔子有我觀周道，幽屬傷之之歎。吳季札聘魯，請觀周樂，是西周以來所傳詩樂獨遺存於魯者較備。孔子周遊反魯，用世之心已淡，乃留情於古典籍之整理，而獨以正《樂》為首事。所謂〈雅〉、〈頌〉各得其所者，非僅是留情音樂與詩歌。正樂即所以正禮，而當時政治上大綱節所在。孔子之意，務使詩教與禮教合一，私人修德與大羣行道合一。其正樂，實有其甚深甚大之意義存在。

孔子又曰：

興於詩，立於禮，成於樂。（八）

正因詩禮樂三者本屬一事。孔子告伯魚，曰：「不學《詩》，無以言。」又曰：「不為〈周南〉、〈召南〉，其猶正牆面而立。」（十七）蓋詩言志，而以溫柔敦厚為教。故不學詩，樂於無可與人言。人羣相處，心與心相通之道，當於詩中求之。知於心與心相通之道，乃始知人與人相接之禮。由此心與心相通、人與人相接之詩與禮，而最後達於人羣之和敬相樂。孔子之道，不過於講求此

心與心相通、人與人相處，人與人相接而共達於和敬相樂之一公。私人修身如此，人羣相處，齊家治國平天下亦如此。凡人道相處，一切制度文為之主要意義皆在此。孔子之教育重點亦由此發端，在此歸宿。惟孔門後輩弟子，如游夏之徒，則不免因此而益多致力用心於典籍文字中，乃獨於文學一科上建績。抑在孔子時，詩禮樂之三者，已不免漸趨於分崩離析之境。如三家以雍徹，此即樂與禮相離，樂不附於禮而自為發展。孔子告顏子曰：「放鄭聲，鄭聲淫。」此即樂與詩相離，樂不附於詩而自為發展。所謂鄭聲淫，非指詩，乃指樂。淫者淫佚。《樂記》云：「鄭音好濫淫志。」《白虎通》：「鄭國土地民人，山居谷浴，男女錯雜，為鄭聲以相悅懌。」此皆顯示出音樂之離於詩而自為發展。至於詩與禮之相離，亦可類推。孔子正《樂》，《雅》、《頌》各得其所，乃欲使樂之於禮於詩，重回其相通合一之本始。而惜乎時代已非，此事亦終一去而不復矣。又《檀弓》記孔子既祥五日即彈琴，在齊學韶，在衛擊磬，晚年自衛反魯即正《樂》，是孔子終其生在音樂生活中，然特是游於藝，即以養德明道，非是要執一藝以成名也。

疑辨二十三

《史記·孔子世家》：「古者詩三千餘篇，及至孔子，去其重，取可施於禮義，上采契后稷，中述殷周之盛，至幽厲之缺，三百五篇。」此謂孔子刪《詩》，其說不可信。《論

語》：「《詩》三百，一言以蔽之曰思無邪。」（二）又曰：「誦《詩》三百，授之以政。

不達。使於四方，不能專對。雖多，亦奚以為。」（十三）是孔子時《詩》止三百，非經孔

子刪定為三百也。吳季札聘魯觀周樂，所歌十五國風皆與今《詩》同，非孔子刪存此十五

國風詩也。《詩·小雅》，大半在宣幽之世，夷王以前寥寥無幾，孔子何以刪其盛而存其衰？

以《論》、《孟》、《左傳》、《戴記》諸書引《詩》，逸者不及十之一，是孔子無刪《詩》之事

明矣。

孔子於正《樂》外，又作《春秋》，為晚年一大事。

《孟子》：

世衰道微，邪說暴行有作，臣弒其君者有之，子弒其父者有之。孔子懼，作《春秋》。《春

秋》，天子之事也，是故孔子曰：「知我者，其惟《春秋》乎。罪我者，其惟《春秋》

乎。」

又曰：

孔子成《春秋》而亂臣賊子懼。

又曰：

王者之迹熄而《詩》亡，《詩》亡然後《春秋》作。晉之《乘》，楚之《檮杌》，魯之《春秋》，一也。其事則齊桓晉文，其文則史。孔子曰：「其義則丘竊取之矣。」

《史記·孔子世家》：

魯哀公十四年春，狩大野。叔孫氏車子鉏商獲獸，以為不祥。仲尼視之，曰：「麟也。」取之。顏淵死，孔子曰：「天喪予。」及西狩見麟，曰：「吾道窮矣。」乃因史記作《春秋》，上至隱公，下迄哀公十四年，十二公。約其文辭而指博。故吳楚之君自稱王，而《春秋》貶之曰「子」。踐土之會，實召周天子，而《春秋》諱之曰：「天王狩於河陽。」孔子推此類以繩當世，貶損之義，後有王者舉而開之，《春秋》之義行，則天下亂臣賊子懼焉。孔子在位，聽訟文辭，有可與人共者，弗獨有也。至於為《春秋》，筆則筆，削則削，子夏之徒

不能贊一辭。

孔子《春秋》絕筆於獲麟，非感於獲麟而始作《春秋》。是年四月，陳恆執齊君，置於舒州，六月而弒之。孔子年七十一，沐浴請討，魯君臣莫之應。可證當時已無復知篡弒之為非矣。是春適有西狩獲麟之事，孔子感於此而輟簡廢業，《春秋》遂以是終。不惟孔子《春秋》不終於哀公之二十七年，即哀公十四年之夏秋冬三時，亦出後人所續，非孔子之筆。至於孔子作《春秋》究始何年，則無可考。

《詩》有〈雅〉、〈頌〉，實乃西周初起乃及文武成康盛時之歷史，其說已詳前。宣王以後，〈雅〉、〈頌〉既衰，而其時則有史官，並由中央分派散居列國，故曰「《詩》亡而後《春秋》作」。〈晉語〉，羊舌肸習於《春秋》。〈楚語〉，申叔時論傳太子云：「教之以《春秋》。」《墨子·明鬼》篇，有周、燕、宋、齊之《春秋》。可見《春秋》乃當時列國史官記載之公名，晉《乘》、楚《檮杌》，為其別名。《左傳·昭公二年》，晉趙宣子在魯，見《易·象》與《春秋》，曰：「周禮盡在魯矣。」是史官與《春秋》在當時皆屬禮。孔子作《春秋》，即其生平重禮的一種表現。孔子《春秋》因於魯史舊文，故曰其文則史。然其內容不專著眼在魯，而以有關當時列國共通大局為主，故曰其事則齊桓晉文。換言之，孔子《春秋》已非一部國別史，而實為當時天下一部通史。

其史筆亦與當時史官舊文有不同。如貶吳楚為子，諱諸侯召天子曰「天王狩於河陽」。於記事中寓大義，故曰「其義則丘竊取之」。此義，當推溯及於西周盛時王室所定之禮，故曰「《春秋》天子之事也」。孔子以私人著史，而自居於周王室天子之立場，故又曰「知我者其惟《春秋》，罪我者亦惟《春秋》」也。其實孔子亦非為尊周王室，乃為遵承西周初年周公制禮作樂之深心遠意，而提示出其既仁且智之治平大道，特於《春秋》二百四十年之歷史事實中寄託流露之而已。

孔子之著史作《春秋》，其事一本於禮。而孔子之治禮，其事亦一本於史。

子張問：「十世可知也？」子曰：「殷因於夏禮，所損益可知也。周因於殷禮，所損益可知也。其或繼周者，雖百世可知也。」（二）

古人以父子相禪三十年為一世。十世當得三百年，百世當得三千年。孔子心中，未嘗認有百世一統相傳之天子與王室，特認有百世一統相傳之禮。禮有常，亦有變。必前有所因，是其常。所因必有損益，是其變。

　　《孟子》：

子貢曰：「見其禮而知其政，聞其樂而知其德。由百世之後，等百世之王，莫之能違也。

自生民以來，未有夫子也。」

孔子即觀於其世王者所定之禮樂，即知其王之政與德。居百世之後，觀百世之上，為之次第差等，

而無有違失。能前觀百世，斯亦能後觀百世。觀其禮，而知其世。

子曰：「夏禮，吾能言之，杞不足徵也。殷禮，吾能言之，宋不足徵也。文獻不足故也。

足，則吾能徵之矣。」（三）

孔子所言禮，包括全人生。其言史，亦包括全人生。故其言禮即猶言史，言史亦猶言禮。夏殷兩

代史迹多湮，典籍淪亡，賢者凋零，若已無可詳考。而孔子猶能言之者，周代之禮，即上因於夏

殷，孔子憑當身之見聞，好古敏求。本於人道之會通而溯其損益之由來。歷史演變之全進程，可

以心知其意，而欲語之人人，則終有無徵不信之憾也。

子曰：「周監於二代，郁郁乎文哉，吾從周。」（三）

孔子雖好古敏求，能言夏殷之禮，然折衷而言，主從周代。蓋歷史演進，禮樂日備，文物日富，故孔子美之也。

子曰：「甚矣吾衰也！久矣吾不復夢見周公！」（七）

孔子志欲行道於天下，古人中最所心儀嚮往者為周公。故每於夢寐中見之。及其老，知行道天下之事不可得，無是心，乃亦無是夢矣。歎己之衰，而歎世之心則更切。然孔子曰：「如有用我者，吾其為東周乎。」（十七）則孔子若得志行道，其於周公之禮樂，亦必有所損益可知。其修《春秋》，亦即平日夢見周公之意。託於此二百四十二年之史事，正名號，定是非，使人想見周公以禮治天下之宏規。此後漢儒尊孔子為素王，稱其為漢制法，則知孔子之言禮，與其言史精神一貫，義無二致也。

無歷世不變之史，斯亦無歷世不變之禮。

子曰：「麻冕，禮也。今也純，儉，吾從眾。拜下，禮也，今拜乎上，泰也。雖違眾，吾從下。」（九）

此孔子言禮主變通，不主拘守之一例。

林放問禮之本，子曰：「大哉問！禮，與其奢也寧儉。喪，與其易也寧戚。」（三）

知禮之本，斯知禮之變。

子曰：「人而不仁如禮何，人而不仁如樂何。」（三）

知孔子言禮樂，其本在仁，而又曰「克己復禮為仁」。則仁禮二者內外迴環，亦是吾道一以貫之也。

疑辨二十四

《史記·孔子世家》復曰：「孔子之時，周室微而《禮》、《樂》廢，《詩》、《書》缺。追迹三代之禮，序《書》傳。」又曰：「孔子晚而喜《易》，序〈彖〉、〈繫〉、〈象〉、〈說卦〉、〈文言〉。」此言序《書》傳作《易》十翼兩事，皆不可信。蓋西漢武帝時重尊孔子，

其時已距孔子卒後三百四十年，從遺經中尋求孔子，遂更重孔門文學之一科。孔子以禮樂射御書數六藝教，而漢人易以《詩》、《書》、《禮》、《樂》、《易》、《春秋》為六藝。又稱孔子敘《書》傳，刪《詩》，訂《禮》正《樂》，作《易》十翼與《春秋》。漢儒謂六藝皆經孔子整理。司馬遷曰：「余讀孔氏書，想見其為人。」是皆以《詩》《書》六藝為孔氏書也。

然西漢諸儒興於秦人滅學之後，起自田畝，其風尚樸，亦猶孔門之有先進。東漢今文十四博士之章句可勿論，即許慎鄭玄輩亦如孔門後進之文學科。由此激而為清談。而當時孔門教育精神遂更失其重點之所在矣。

第八章　孔子之卒

一、孔子之卒與葬

《左傳・哀公十六年》：

夏四月己丑，孔丘卒。

是年，孔子年七十三。

《疑辨二十五》

《戴記・檀弓》：「孔子蚤作，負手曳杖，消搖於門，歌曰：『泰山其頹乎，梁木其壞乎，哲人其萎乎。』子貢聞之，趨而入。子曰：『予疇昔之夜，夢坐奠於兩楹之間，予殆將死也。』蓋寢疾七日而歿。」今按《論語》載孔子言，皆謙遜無自聖意，此歌以泰山梁木哲人自謂，又預決其死於夢兆，亦與孔子平日不言怪力亂神不類，恐無此事。因後人多傳述此歌，故仍附載於此。

《左傳・哀公十六年》：

孔丘卒，公誄之，曰：「昊天不弔，不憖遺一老，俾屏余一人以在位。煢煢余在疚。嗚呼哀哉尼父，無所自律。」子貢曰：「君其不沒於魯乎。夫子之言曰：『禮失則昏，名失則愆。失志為昏，失所為愆。』生不能用，死而誄之，非禮也。稱一人，非名也。君兩失之。」

魯之君臣雖不能用孔子，而心亦知敬，故死猶誄之。然曰余一人，此乃天子自稱之辭，子貢亦知糾其愆。此見孔子講學精神不隨孔子之沒而俱亡。然孔子亦以此終不能見用於當世。

〈檀弓〉：

孔子之喪，門人疑所服。子貢曰：「昔者夫子之喪顏淵，若喪子而無服，喪子路亦然。請喪夫子，若父而無服。」

《史記・孔子世家》：

孔子葬魯城北泗上，弟子皆服三年。三年心喪畢，相訣而去，則哭，各復盡哀。或復留。惟子貢廬於冢上凡六年，然後去。

《孟子》：

孔子沒，三年之外，門人治任將歸，入揖於子貢，相嚮而哭，皆失聲，然後歸。子貢反，

築室於場，獨居三年，然後歸。

《史記‧孔子世家》：

弟子及魯人，往從冢而家者，百有餘室，因命曰孔里。魯世世相傳，以歲時奉祠孔子冢。而諸儒亦講禮鄉飲大射於孔子家。孔子家大一頃。故所居堂，弟子內，後世因廟藏孔子衣冠琴車書。至於漢二百餘年不絕。高皇帝過魯，以太牢祠焉。諸侯卿相至，常先謁，然後從政。

《史記‧儒林列傳》：

高皇帝誅項籍，舉兵圍魯，魯中諸儒尚講誦習禮樂，弦歌之音不絕。

觀此，知孔子身後受世尊敬，實遠超於此下百家之上而無可倫比，固不自漢武帝表章六經後始然也。

二、孔子之後世

《史記·孔子世家》：

孔子生鯉，字伯魚。伯魚年五十，先孔子卒。伯魚生伋，字子思，年六十二。嘗困於宋，子思作《中庸》。子思生白，字子上，年四十七。子上生求，字子家，年四十五。子家生箕，字子京，年四十六。子京生穿，字子高，年五十一。子高生子慎，年五十七，嘗為魏相。子慎生鮒，年五十七，為陳王涉博士，死於陳下。鮒弟子襄，年五十七，嘗為孝惠皇帝博士，遷為長沙太傅，長九尺六寸。子襄生忠，年五十七。忠生武，武生延年及安國，安國為今皇帝博士，至臨淮太守，早卒。

安國為今皇帝博士，至臨淮太守，早卒。

自伯魚下迄安國共十一代。孔子開私家講學之先聲，戰國百家競起。然至漢室，不少皆僅存姓氏。其平生之詳多不可考。獨孔子一人，不僅其年數行曆較諸家為特著，而其子孫世系四百年緜延，曾無中斷。此下直迄於今，自孔子以來已兩千年七十餘代，有一嫡系相傳，此惟孔子一家為然。

又若自孔子上溯，自叔梁紇而至孔父嘉，又自孔父嘉上溯至宋微子，更自微子上溯至商湯，自湯

上溯至契，蓋孔子之先世代代相傳，可考可稽者又可得兩千年。是孔子一家自上至下乃有四千年之譜諜，歷代遞禪而不輟，實可為世界人類獨特僅有之一例。

三、孔門七十子儒學之流衍

《史記・儒林列傳》：

自孔子卒後，七十子之徒散游諸侯。大者為師傅卿相，小者友教士大夫，或隱而不見。故子路居衛，子張居陳，澹臺子羽居楚，子夏居西河，子貢終於齊，如田子方段干木吳起禽滑釐之屬，皆受業於子夏之倫，為王者師。

蓋自孔子身後，儒者之際遇，儒學之流衍，皆非孔子生前可比，而戰國百家言遂亦以之競起，其精神氣運則皆自孔子啓之也。

附錄一　孔子年表

魯襄公二十二年　（西曆紀元前五五一年）孔子生。

魯襄公二十四年　孔子年三歲。父叔梁紇卒。

魯昭公七年　孔子年十七歲。母顏徵在卒在前。

魯昭公九年　孔子年十九歲。娶宋幵官氏。

魯昭公十年　孔子年二十歲。生子鯉，字伯魚。

魯昭公十七年　孔子年二十七歲。郯子來朝，孔子見之，學古官名。其為魯之委吏乘田當在前。

魯昭公二十年　孔子年三十歲。孔子初入魯太廟當在前。琴張從遊，當在此時，或稍前。孔子至是始授徒設教。顏無繇、仲由、曾點、冉伯牛、閔損、冉求、仲弓、顏回、

高柴、公西赤諸人先後從學。

魯昭公二十四年　孔子年三十四歲。魯孟釐子卒，遺命其二子孟懿子及南宮敬叔師事孔子學禮。

時二子年十三，其正式從學當在後。

魯昭公二十五年　孔子年三十五歲。魯三家共攻昭公，昭公奔於齊，孔子亦以是年適齊，在齊聞

韶樂。齊景公問政於孔子。

魯昭公二十六年　孔子年三十六歲。當以是年反魯。

魯昭公二十七年　孔子年三十七歲。吳季札適齊反，其長子卒，葬嬴博間，孔子自魯往觀其葬禮。

魯昭公五年　孔子年四十七歲。魯陽貨執季桓子。陽貨欲見孔子，當在此後。

魯定公五年　孔子年五十一歲。魯陽貨奔齊。孔子始出仕，為魯中都宰。

魯定公八年　孔子年五十歲。魯陽貨奔陽關。是年，公山弗擾召孔子

魯定公九年　孔子年五十二歲。由中都宰為司空，又為大司寇。相定公與齊會夾谷。

魯定公十年　孔子年五十四歲。魯聽孔子主張墮三都。墮郈，墮費，又墮成，弗克。孔子墮

魯定公十二年　三都之主張遂陷停頓。

魯定公十三年　孔子年五十五歲。去魯適衛。衛人端木賜從遊。

魯定公十四年　孔子年五十六歲。去衛過匡。晉佛肸來召，孔子欲往，不果，重反衛。

魯定公十五年　孔子年五十七歲。始見衛靈公，出仕衛，見衛靈公夫人南子。

魯哀公元年　孔子年五十八歲。衛靈公問陳，當在今年或明年，孔子遂辭衛仕。其去衛，當在明年。

魯哀公二年　孔子年五十九歲。衛靈公卒，孔子在其卒之前或後去衛。

魯哀公三年　孔子年六十歲。孔子由衛適曹又適宋，宋司馬桓魋欲殺之，孔子微服去，適陳。遂仕於陳。

魯哀公六年　孔子年六十三。吳伐陳，孔子去陳。絕糧於陳、蔡之間，遂適蔡，見楚葉公。又自葉反陳，自陳反衛。

魯哀公七年　孔子年六十四歲。再仕於衛，時為衛出公之四年。

魯哀公十一年　孔子年六十八歲。魯季康子召孔子，孔子反魯。自其去魯適衛，先後凡十四年而重反魯。此下乃開始其晚年期的教育生活，有若、曾參、言偃、卜商、顓孫師諸人皆先後從學。

魯哀公十二年　孔子年六十九歲。子孔鯉卒。

魯哀公十四年　孔子年七十一歲。顏回卒。齊陳恆弒其君，孔子請討之，魯君臣不從。是年，魯西狩獲麟，孔子《春秋》絕筆。《春秋》始筆在何年，則不可考。

魯哀公十五年　　孔子年七十二歲。仲由死於衛。

魯哀公十六年　　（西曆紀元前四七九年）孔子年七十三歲，卒。

附錄二　讀胡仔《孔子編年》

胡仔字元任，嘗輯詩話，所謂《苕溪漁隱》者是也。其為《孔子編年》，乃奉其父舜陟汝明之命。舜陟序其書在紹興八年，有曰：

孔子動而世為天下道，行而世為天下法者，雜出於《春秋》三傳、《禮記》、《家語》與夫司馬遷〈世家〉，而又多偽妄，惟《論語》為可信，足以證諸家之是非。予令小子仔采摭其可信者而為編年。

《四庫提要》論其書則曰：

自周秦之間，讖緯雜書，一切詭異神怪之說，率託諸孔子，大抵誕謾不足信。仔獨依據經傳，考尋事實，大旨以《論語》為主而附以他書，其采摭頗為審慎。惟不免時有牽合，尤失於穿鑿。然由宋以後，纂集聖蹟者，其書眾多，亦猥雜日甚。仔所論次猶為近古，故錄冠傳記之首，以見濫觴所自。

余讀其書，採摭頗廣，而考訂則疏。其所引皆不舉其出處，厥為一大疏失。先秦古籍，其可信與不可信，往往相差甚遠。覘其書名，即可逆揣其可信之程度。胡氏書既將所引書名全略去，又有所引異書而綴之同條之下，其為牽合穿鑿尤甚。並僅有編次，不加考訂，更見其疏。蓋自《史記‧孔子世家》以下撰寫孔子傳者，惟此為第一部。自朱子出而學術界考訂之功遂日臻精密。胡氏書在朱子前，可見濫觴所自，固不得以後人著述體例相繩也。

又其書雖以《論語》為主，而編入《論語》諸章亦備見疏失。舉其易見者：如《論語‧八佾篇》子入太廟章，胡氏書編入魯定公九年，孔子年五十一。孔子之始入魯太廟，決當在此以前，並當在年少時，故或人譏之曰鄹人之子。若在孔子五十一歲之年，已在魯為顯仕，或人固不當以鄹人之子譏之。此則細誦《論語》原文而可知其非矣。

又如《論語‧先進篇》子路、曾皙、冉有、公西華侍坐章，胡氏書編入魯哀公十二年孔子年

六十九。今按本章編次於孔子五十歲前初期講學之時，則顯與《論語》本章原文不合。孔子之問四子，曰：「如或知爾，則何以哉。」知其時四子皆未獲用於時。及孔子仕魯，行乎季孫，子路已為季氏宰，方大見任用。孔子何為在其後又有如或知爾之問？子路冉有之對，覈之在魯哀公十二年時兩人之仕歷與地位，遙為不稱，此亦細誦《論語》原文而可知其非者。

又如《論語·季氏篇》季氏將伐顓臾章，胡氏書編入魯定公五年孔子年四十七，此可謂大背情實。此時孔子尚未出仕，子路、冉有方從學於孔子門下，無由先與季氏有緣。何為季氏將伐顓臾，而兩人為之先容於孔子。且季路、冉有兩人相差二十年，故四子言志，子路序列在冉有之前，而此章冉有轉列子路前。又孔子獨責冉有，曰：「求！無乃爾是過與？」下文亦冉有獨答，可見此事應由冉有負責。若以移列孔子晚年歸魯，冉有為季氏宰，見信用事，而子路亦同時仕於季氏，則情事適切矣。

又如《論語·子張篇》叔孫武叔語大夫於朝，及叔孫武叔毀仲尼兩章，胡氏書皆以編入魯定公八年孔子年五十。時孔子始出仕，尚未顯用，叔孫何為遽公然毀之於朝？抑且子貢少孔子三十一歲，孔子五十一歲時為魯司寇，子貢方年二十，今年尚僅十九歲，疑尚未從學於孔子。而叔孫之言曰：「子貢賢於仲尼。」可知此章當在孔子晚年，子貢見用於魯，於外交上屢著績效，聲譽

方隆，故叔孫疑其賢於孔子也。

以上皆引用《論語》原文，未經細考，而可顯見其誤者。亦有引用他書，不旁參之《論語》而誤者。如季康子召冉求，胡氏書編入魯哀公三年孔子年六十。此據《史記‧孔子世家》。然《論語‧述而篇》冉有曰「夫子為衛君乎」章，是冉有乃從孔子自陳反衛，必無自陳反魯之事。冉有之歸魯，當在反衛之後，不在季桓子甫卒之歲。據《論語》而《史記》之誤自顯。胡氏父子知諸家書記孔子行事多偽妄，惟《論語》為可信，而又不本《論語》以證諸家之是非，何耶？

又如孔子與於蜡賓，言偃在側，胡氏書列此於魯定公十一年孔子年五十三。其年其事，胡氏本之《孔子家語》及《小戴記》之〈禮運篇〉。然考《史記‧仲尼弟子列傳》，子游少孔子四十五歲，則孔子五十三歲時子游年僅八歲。孔子五十五歲去魯，子游年十歲，其時尚未從遊。孔子反魯，子游年二十三，其從遊應在孔子反魯之後。《論語‧先進篇》子曰從我於陳蔡者皆不及門也章，下附德行、言語、政事、文學四科十哲，則斷非孔子當時之語。若記孔子當時語，則十哲應稱名，不稱字。即此可證四科十哲乃《論語》編者所附記。子游決不在相從陳蔡之列，更何從侍孔子為司寇時與於蜡之祭乎？至言大同小康，所關何等重大，既不見於《論語》，則〈禮運篇〉亦屬可疑，此不詳論。

又如《左氏傳》魯昭公十二年楚子狩於州來一長篇，下附仲尼曰：「古也有志，克己復禮仁

也，信善哉。楚靈王若能如是，豈其辱於乾谿。」胡氏書引以編入孔子二十二歲時。《論語·顏淵篇》顏淵問仁章，孔子答以克己復禮為仁，明是孔子自己語，非稱引前人語。孔子以仁為教，乃孔子之最大教義，亦由孔子最先主張。仁禮並舉，《論語》屢見，若克己復禮為仁一語乃孔子稱引前人語，孔子為何抹去此前人名字不提？又孔子自所發明之重要主張又何在？王應麟《困學紀聞》據《論語》疑《左傳》是也。胡氏書引《左傳》此條，則何以解《論語》？此乃有關考論孔子學術思想之最大要端，較之何事在何年之編排，其重要性超出遠甚，而胡氏不能辨，則其書他處之不能獲得孔子生平言行之要領亦可知矣。

　　胡舜陟〈序〉列舉《春秋》三傳、《禮記》、《家語》及司馬遷〈世家〉，獨不及《孟子》。孟子親受業於子思之門人，其去孔子為時不遠，又曰：「乃我所願則學孔子。」故《孟子》述及孔子，其重要性應尤在《左傳》諸書之上。胡氏書殆因《孟子》書中語若無關於其逐事編年之具體需要，遂忽棄不加注意，是亦一大缺失。

　　《孟子·萬章篇》有曰：「孔子之仕也，未嘗有所終三年淹也。孔子有見行可之仕，有際可之仕，有公養之仕。於季桓子，見行可之仕也。於衛靈公，際可之仕也。於衛孝公，公養之仕也。」又曰：「孔子之去齊，接淅而行。去魯，曰：『遲遲吾行也。』去父母國之道也。可以速而速，可以久而久，可以處而處，可以仕而仕，孔子也。」《孟子》此兩條發揮孔子進退出處行止

之義，大可闡發。胡氏書有稱引，無考訂，無闡發，此為其書缺失所在。據《孟子》語，孔子在齊未仕，又其去也速，則斷無久淹在齊達於七年之久之事。胡氏書編列魯昭公二十五年孔子年三十五至齊，魯昭公三十一年孔子年四十一去齊反魯，前後共七年，其誤顯然。

《孟子》語最費研討者，為「未嘗有所終三年淹」一語。胡舜陟《序》謂：「孔子去魯凡十三年，適衛者五，適陳、適蔡者再，適曹、適宋、適鄭、適葉、適楚者一，而復自衛反魯。」此據《史記·孔子世家》，而實為《孟子》「未嘗終三年淹」一語所誤。實則《孟子》語當通讀其上下文，乃指孔子之出仕而言。其先在衛當逾四年，而受祿出仕則不足三年。其在陳亦逾三年，其受祿出仕亦當不足三年。及其再反衛亦滯留逾四年，其受祿而仕果亦不出三年與否，今已不可詳定。豈其適衛孝公公僅公養之仕，雖亦受祿，與靈公時際可之仕不同，故《孟子》未嘗終三年淹之語，獨於其仕衛孝公不嚴格繩之乎！至於適葉、適楚乃屬一事，而胡氏書亦分別編年，其誤更不必辨。

要之，胡氏書僅知稱引，逐年編列，無考訂，無闡發，牽合穿鑿，一若全成定論，使讀其書者全不見有問題曲折之所在，此其所以採摭雖勤，縱若審慎，果以後起之著述繩之，終為相差猶遠也。

附錄三　讀崔述《洙泗考信錄》

考證之學，自宋以後，日精日密，迄於清而大盛。其成績超邁前人。有關討論孔子生平歷年行事者亦日詳日備。清初負盛名有崔述東壁《洙泗考信錄》五卷，歷考孔子終身之事而次第釐正之，附之以辨。又為《洙泗考信餘錄》三卷，一一兼考孔門諸弟子，以與孔子行事相闡發。其精密詳備，並為後起者所莫能及。迄於近代，盛推清儒考據，而《東壁遺書》幾於一時人手一編。

然余讀其書，亦多疑古太甚，駁辨太刻之類。其遍疑羣書猶可，至於疑及《論語》，則考論孔子生平行事，乃無可奉一書以為之折衷，亦惟折衷於作者一人之私見，斯其流弊乃甚大。茲篇摘舉數例，以糾其失。非於崔氏爭短長，乃為治考證之學者提出一可值注意之商榷耳。

《史記・孔子世家》：防叔生伯夏，伯夏生叔梁紇。崔氏曰：

此文或有所本，未敢決其必不然。然《史記》之誣者十七八，而此文又不見他經傳，亦未敢決其必然，故附次於備覽。

今按：此考孔子先世，伯夏其人無所表現，宜其不見於其他之經傳。然《史記》若無所本，何為於防叔與叔梁紇之間特加此一世？《史記》之誣誠不少，然乃誤於其所本，非無本而偽造也。全部《史記》中，不見其他古籍者多矣，若以崔氏此意繩之，則《史記》將成為不可讀。今考孔子生平行事，其先世如伯夏，無大關係，略而不論可也。而崔氏竟因此旁涉及《史記》，謂其所載未敢決其必不然，又未敢決其必然，此其疑古太猛，有害於稽古求是者之心胸，故特舉此以為例。

又《史記·孔子世家》：孔子生魯昌平鄉陬邑，崔氏亦以入備覽，此亦因其所載未見他書，故未敢決其必然。與前例之意同。則豈司馬遷之為《史記》，果慣為偽造乎？苟有堅強反證，雖其事屢見，亦屬可疑。如無反證，即屬單文獨出，亦不必即此生疑。又何況其在古籍，烏得事事必求其同見他書？此皆崔氏疑古太猛之心病。

〈孔子世家〉又云：「禱於尼丘，得孔子，生而首上圩頂，故因名曰丘，字仲尼。」崔氏說之曰：

無定見矣，今不錄。

此說似因孔子之名字而附會之者，不足信。且既謂之因於禱，又謂之因於首，司馬氏已自

此又較入備覽者加深一層疑之。然若魯邦確有尼丘，則因禱之說不便輕疑。又若孔子首確是圩頂，則因首之說亦不用輕疑。司馬遷博采前說而兩存之，其果兩有可信否？抑一可信而一不可信乎？不可無證而輕斷。崔氏疑古太猛，將使讀古書者以輕心掉之，而又輕於下斷，病不在前人之書，特在治考證者之輕心，此又不可不知也。然而崔氏此書，材料之搜羅不厭瑣碎，考辨之嚴格又纖屑不苟，其長處正可於短處推見，此則待讀者之善於分別而觀，勿懸一節以概之可也。

《論語·微子篇》：「齊景公待孔子，曰：『若季氏，則吾不能，以季孟之間待之。』曰：『吾老矣，不能用也。』」孔子行。」崔氏列此章於存疑，辨之曰：

《孟子》但言去齊接淅而行，未嘗言其何故。獨《論語·微子篇》載齊景公之言云云，然考其時勢，若有不符者。孔子在昭公世未為大夫，班尚卑，望尚輕，景公非能深知聖人者，何故即思以上卿待之？而云若季氏則吾不能也。景公是時年僅四十五歲，後復在位二十餘年，歲會諸侯，賞戰士，與晉爭霸，亦不當云老不能用也。〈微子〉一篇，本非孔氏遺書，

其中篇殘簡斷，語多不倫，吾未敢決其必然。姑存之於接淅而行之後，以俟夫好古之士考焉。

今按：孔子去齊之時，已離委吏乘田之職。開門授徒，從學者四方而至，不得謂之「班尚卑，望尚輕」。景公初見，問以為政之道，而知欽重，欲尊以高位，賜以厚祿，此非必不可有之事。繼則或受讒間，或自生退轉，持意不堅，此正崔氏所謂非能深知聖人也。其曰「吾老矣，不能用」，或出推託之辭，或自慚不足以行孔子之大道，僅知會諸侯，爭伯位，明非孔子之所欲望於時君者。

〈微子篇〉所載景公兩證，絕不見有可疑之跡。若僅考景公年歲，則是據歐陽修之年齡而疑〈醉翁亭記〉之不可信也。有是理乎？

而其〈微子〉一篇本非孔氏遺書一語，更須商討。余之《論語新解》本朱子意說此篇有云：「此篇多記仁賢之出處，列於《論語》之將終，蓋以見孔子之道不行，而明其出處之義也。」又曰：「本篇孔子於三仁逸民師摯八樂官，皆讚揚而品列之。於接輿、沮溺、荷蓧丈人，皆惓惓有接引之意。蓋維持世道者在人，世衰而思人益切也。本篇末章特記八士集於一家，產於一母，祥和所鍾，瑋才蔚起，編者附諸此，思其盛，亦所以感其衰也。」則又烏見所謂篇殘而簡斷者。崔氏又曰：「此篇記古人言行，不似出於孔氏門人之手。」是不瞭於本篇編撰之意而輕疑也。崔氏

又於接輿、沮溺、荷蓧三章皆列存疑，子路之告荷蓧丈人有曰：「君子之仕也，行其義也。道之不行，已知之矣。」此即晨門所謂知其不可而為之也。崔氏則曰：「分行義與行道為二，於理亦係未安。」此則失於考證，亦遂失於義理，其所失為大矣。崔氏並不能詳舉〈微子篇〉本非孔子遺書之明確證據，遂輕率武斷齊景公待孔子章與接輿、沮溺、荷蓧三章為可疑。然即謂此四章可疑，以證〈微子篇〉之可疑，此乃循環自相為證，皆空證，非實證也。

《論語・陽貨篇》：「公山弗擾以費畔，召，子欲往，曰：末之也已，何必公山氏之也？子曰：夫召我者而豈徒哉？如有用我者，吾其為東周乎！」崔氏於此章備極疑辨之辭，此不詳引而引其最要者，曰：

《左傳》：費之叛在定公十二年夏，是時孔子方為魯司寇，聽國政。弗擾，季氏之家臣耳，何敢來召孔子？孔子方輔定公以行周公之道，乃棄國君而佐叛夫，舍方興之業而圖未成之事，豈近於人情耶？《史記》亦知其不合，故移費之叛於定公九年。《史記》既移費叛於九年，又採此文於十三年，不亦先後矛盾矣乎？

今按：今《論語新解》辨其事有曰：「弗擾之召，當在定公八年。陽貨入灌陽關以叛，其時

弗擾已為費宰，陰觀成敗，雖叛形未露，然據費而遂為陽貨之聲援，即叛也，故《論語》以叛書。

時孔子尚未仕，弗擾為人與陽貨有不同，即見於《左傳》者可知。其召孔子，當有一番說辭。或

孔子認為事有可為，故有欲往之意。」若如余《新解》所釋，孔子欲往，何足深疑？《論語》之

文簡質，正貴讀者就當時情事善作分解，不貴於絕不可信處放言濫辨。且《史記》已移弗擾叛在

定公九年，其事亦本之《左傳》。《論語》此章，《史記》又載於定公之十三年，此正《史記》之

疏。崔氏不深辨，而辭鋒一向於《論語》之不可信，此誠崔氏疑古之太猛耳。

崔氏又曰：

然則《論語》亦有誤乎？曰：有。《漢書·藝文志》云：《論語》古二十一篇出孔子壁中。

齊二十二篇多〈問王〉〈知道〉。魯二十篇。《何晏集解》序云：齊二十二篇，其二十篇中章

句頗多於《魯論》。是《齊論》與《魯論》互異。《漢書·張禹傳》云：始魯扶卿及夏侯勝、

王陽、蕭望、韋玄成皆說《論語》，篇第或異，是《魯論》中亦自互異。果孔門之原本，何

以彼此互異？其有後人之所增入明甚。蓋諸本所同者，必當日之本。其有彼無者，乃傳

經者續得之於他書而增入之者也。是以〈季氏〉以下諸篇，文體與前十五篇不類，其中或

稱孔子，或稱仲尼，名稱亦別。而每篇之末，亦間有一二章與篇中語不類者。非後人有所

續入而何以如是？

今按：崔氏此處辨《論語》，當分兩端論之。一則謂《古論》、《齊論》、《魯論》章句篇第有異，一則謂〈季氏〉以下五篇文體與前十五篇不類。此屬兩事，而崔文混言之，則非矣。余五十年前舊著《論語要略》，第一章序說《論語》之編輯者及其年代，其中頗多採崔氏之說。越後讀書愈多，考辨愈謹，乃知讀《論語》貴能逐章逐句細辨，有當會通孔子生平之學說行事而定，有當會通先秦諸書之離合異同而定。乃知《論語》中亦間有可疑，然斷不能如崔氏之辨之汗漫而籠統。及四十年後著《新解》，乃與四十年前著《要略》，自謂稍稍獲得有進步。乃能擺脫崔氏之牢籠，不敢如崔氏疑古之猛，務求斟酌會通以定於一是。故去年為《孔子傳》，較之《要略》第二章孔子之事蹟，取捨從違之間亦復多異。讀者能加以比觀，其得失自顯，今亦不煩於崔氏書多加駁辨。

《論語‧雍也篇》子見南子章，崔氏據孔安國注辨其可疑，余之《孔子傳》對此事已詳加分析，此不再論。惟崔氏又因此章疑及《論語》之他章，其言曰：

此章在〈雍也篇〉末，其後僅兩章，篇中所記雖多醇粹，然諸篇之末，往往有一二章不相類者。〈鄉黨篇〉末有色舉章，〈先進篇〉末有侍坐章，〈季氏篇〉末有景公邦君章，〈微子

篇〉末有周公八士章。意旨文體，皆與篇中不倫，而語亦或殘缺，後人之所續入。蓋當其初，篇皆別行，傳之者各附其所續得於篇末。且《論語》記孔子事皆稱子，惟此章及侍坐羿纍武城三章稱夫子，亦其可疑者。然則此下三章，蓋後人采他書之文附之篇末，而未暇別其醇疵者。其事固未必有，不必曲為之解也。

此所牽涉甚遠。即如〈微子篇〉末周有八士章，余之《新解》有說，已詳上引，可不論。且此章並不在篇末，乃並此下兩章而疑之。其一為中庸之為德也章，又一為子貢曰如有博施於民章，崔氏不能就此兩章一一辨其為斷簡續入，又不能一一辨其為有疵不醇，何得因子見南子章而牽連及之。又〈先進篇〉末之侍坐章，究竟其可疑處何在，其疵而不醇處又何在，乃亦因其在篇末而疑之。又因其與此章同用夫子字而並疑之。又牽連及於〈憲問篇〉南宮适問於孔子章，〈雍也篇〉子游為武城宰章而並疑之，是亦過矣。竊謂此諸章當一一分別探究其可疑何在，其有疵而不醇者何在，不得專以用有夫子二字而一並生疑也。

《論語‧陽貨篇》：「佛肸召，子欲往，子路曰：『昔者由也聞諸夫子，曰：「親於其身為不善者，君子不入也。」佛肸以中牟叛，子之往也如之何？』子曰：『然！有是言也。不曰堅乎，磨而不磷，不曰白乎，涅而不緇。吾豈匏瓜也哉？豈能繫而不食！』」崔氏又詳辨之，其要曰：

佛肸之叛，乃趙襄子時事。《韓詩外傳》云：「趙簡子薨，未葬，而中牟畔之。葬五日，襄子興師而次之。」《新序》云：「趙之中牟畔，趙襄子率師伐之，遂滅知氏。」《列女傳》亦以為襄子。襄子立於魯哀公之二十年，孔子卒已五年，佛肸安得有召孔子事？《左傳》定公十三年，齊荀寅士吉射奔朝歌。哀三年，趙鞅圍朝歌，荀寅奔邯鄲。四年圍邯鄲，邯鄲降，齊國夏納荀寅於柏人。五年春，圍柏人，荀寅士吉射奔齊。夏，趙鞅圍中牟。然則此四邑者，皆荀寅趙稷等之邑，故趙鞅以漸圍而取之。當魯定公十四五年孔子在衛之時，中牟方為范中行氏之地，佛肸又安得據之以畔趙氏。

今按：據《左傳·定公十三年》秋，范氏中行氏與趙氏始啟爭端。是年冬，荀寅士吉射奔朝歌。時中牟尚為范氏邑。其邑宰佛肸，或欲助范中行氏拒趙氏而未果。其召孔子，正可在定公之十四年。此與公山弗擾之召同一情形。惟《論語》文辭簡質，謂二人之以費叛以中牟叛，乃指其存心，非指其實迹，本無可疑。讀古書遇難解處，先當盡可能別求他解，諸解均不可通，乃作疑辨。《論語》此兩處，惟當解作意欲以費叛中牟叛即得。而崔氏輕肆疑辨，則亦有故。崔氏又言之，曰：

凡夫子云者，稱甲於乙之詞，《春秋》、《傳》皆然。至《孟子》時，始稱甲於甲而亦曰夫子，故子禽子貢相與稱孔子曰夫子。顏淵子貢自稱孔子，亦曰夫子，蓋亦與他人言之也。稱於孔子之前則曰子，不曰夫子。稱於孔子之前而亦曰夫子，惟侍坐武城兩章及此章，蓋皆戰國時人所偽撰，非門人弟子所記。

今按：此可謂孔門弟子已有面稱孔子曰夫子者。亦可謂今傳《論語》各章文字，有文體前後稍不同者。或可說《論語》中面稱孔子曰夫子，其文體皆較晚。不得徑以此疑諸章乃偽撰。諸章之為偽撰與否，當另有他證定之，不得即據有夫子兩字為判。

崔氏又曰：

《論語》者，非孔子門人所作，亦非一人所作也。曾子於門人中年最少，而《論語》記其疾革之言，且稱孟敬子之諡。則是敬子已沒之後乃記此篇，雖回賜之門人，亦恐無有在者矣。〈季氏〉一篇俱稱孔子，與他篇不同。蓋其初各記所聞，篇皆別行，其後齊魯諸儒始輯而合之，其識不無高下之殊，則其所採，亦不能無純駁之異者，勢也。

今按：此條語較少病。然僅當云《論語》非盡孔子門人所記，亦非一人一時所記，則為允矣。

惟《論語》成書，經諸儒一番論定，其輯合之時間雖較晚，其所保存之文體，猶不失最先當時之真相。則《論語》實為一謹嚴之書。崔氏之辨，固多有陷於輕率者，此則讀崔氏書者所當審細分別也。

附錄四　讀江永《鄉黨圖考》

清儒考論孔子事蹟，自崔述《洙泗考信錄》之後，有江永《鄉黨圖考》，其首卷亦備論孔子生平歷年行事，自先世迄於其卒，略如崔氏之書。而文辭簡質，立論謹慎，不如崔氏之博辨，而所失亦較少。如其敘公山不狃之召，曰：「不狃與陽貨共謀去三桓，故《論語》以為畔，其實未嘗據邑興兵也。」言簡情覈，較崔氏所辨遠勝。其敘佛肸事，據引《史記·世家》，曰：「佛肸為中牟宰，趙簡子攻范中行氏，伐中牟，佛肸畔，使人召孔子」云云，明其事在趙簡子時。崔氏必謂其事在趙襄子時，雖據《左傳》，然無以必見《史記》之為誤。因欲必定《史記》之誤，乃連帶疑及《論語》。此亦不如江氏書之不失謹慎之意。又江氏書博采同時稍前他人之說不為人所注意者，其用心良寬良苦，然其間亦尚有得有失，姑拈兩事為例。

其一，〈檀弓〉有云：「孔子少孤，不知其墓，殯於五父之衢。人之見之者，皆以為葬也。其

慎也，蓋殯也。問於耶曼父之母，然後得合葬於防。」江氏說之曰：

此章為後世大疑。本非記者之失，由讀者不得其句讀文法而誤。近世高郵孫邈人濮孫箸〈檀

弓〉論文，謂不知其墓殯於五父之衢十字當連讀為句。蓋殯也，問於耶曼父之母兩句為倒

句。甚有理。蓋古人埋棺於坎為殯，殯淺而葬深。孔子父墓，實淺葬於五父之衢，因少孤

不得其詳，不惟孔子之家以為已葬，即道旁見之者亦皆以為已葬。至是母卒，欲從周人合

葬之禮，卜兆於防，惟以父墓淺深為疑。如其殯而淺也，則可啟而遷之。若其葬而深也，

則疑於體魄之已安，不可輕動。其慎也。蓋謂夫子再三審慎，不敢輕啟父墓也。後乃知其果

為殯而非葬，由問於耶曼父之母而知之。蓋唯耶曼父之母，能道其殯之詳，是以信其言，

啟殯而合葬於防。蓋殯也，當在問於耶曼父之母句下，因屬文欲作倒句，取曲折故置在上，

如此讀之，可為聖人釋疑，有裨《禮經》者不淺。

江氏此條，頗受後人信從，朱彬《禮記訓纂》亦采之。然覈之〈檀弓〉之文理，參以當時之

情事，江氏之說，兩覺未允。果如其說，應云不知其父墓在五父之衢者為殯，乃明其所欲辨者之

為殯與葬。今云不知其墓殯於五父之衢，則所不知者似乃其墓地之何在。且殯與葬乃成墓以前事，墓則殯與葬以後事，故墓殯墓葬皆不得二字連用。且叔梁紇在當時亦一大夫，其卒，何為殯而不葬，迄於孔子母死，已及二十年之久，此仍無說可解。及孔子母卒，孔子欲其與父合葬，既不先知其父葬之深淺，與其可以遷動與否，則又何為其母先卜兆於防。此亦無說可通。前人所疑，特疑孔子聖人，何以不知其父葬處。然〈檀弓〉又引孔子之言曰：「吾聞之，古也墓而不墳。今丘也，東西南北之人也，不可以弗識。」既其墓不覆土為墳，自不易識別，此自無足深疑。讀古書苟有疑，當儘可能先求種種之解釋，不當徑棄其所疑之本書，而別引他書以為說。如崔氏疑《論語》佛肸事，即據《左傳》棄《論語》，不知為《論語》別作一解，則《論語》、《左傳》皆可通。

江氏此條仍本〈檀弓〉本文，與崔氏取徑不同，而強為他解，乃不知其較之舊解為更無當。可知考古辨偽之事非不當有，貴能本之於審慎之心情，衡之以宏通之識見，固非輕疑好辨之所能勝任也。

附錄五　舊作〈孔子傳略〉

又一事云：

按年譜：哀公十年，夫人幵官氏卒。昔人因〈檀弓〉記伯魚之母死，期而猶哭，夫子謂其已甚，因謂孔子出妻。近世豐城甘馼麟綬著《四書類典賦》辨其無此事云。〈檀弓〉載門人問子思曰：「子之先君子喪出母乎？」此殆指夫子之於施氏而言，非謂伯魚之於幵官也。初，叔梁公娶施氏，生九女，無子，此正所謂無子當出者。《家語》後序所謂叔梁公始出妻是也。此說甚有理。施氏無子而出，乃求婚於顏氏，事當有之。其後施氏卒，夫子為之服期，蓋少時事。門人之問明云：「子之先君子喪出母。」是謂夫子自喪出母，非謂令伯魚

為出母服也。子思云：「昔者吾先君子無所失道，道隆則從而隆。」此語尤可見孔子雖有兄孟皮，妾母所生，則孔子買為父後之子。在禮，為父後者為出母無服。聖人以義處禮，父既不在，施氏非有他故，不幸無子而出，實為可傷，故寧從其隆而為之服。設有他故被出，則當從其污，不為之服矣。所謂無所失道者也。若伯魚之母死，當守父在為母期之禮，過期當除，故抑其過而止之，何得誣為喪出母也。甘氏說有功聖門，特表出之，並補其所未盡之說。

江氏善言禮，此條辨叔梁紇出妻，孔子非有出妻之事，雖引據甚簡，又皆片言隻辭，而加以會通，為之說明。破後代之訛說，發古人之真相，考據疑辨之功，亦何可廢。真積力久而用功深，自可犁然有當於人心，如江氏此條是也。

江氏之後，清儒考據之業日盛。然考孔子生平歷年行事者，或據《史記》，或本《左傳》，或辨《史記》，率皆逐句逐條疑辨之，解之釋之，求其綜合終始而備為之說，如崔氏、江氏之書者則尠。間亦有之，然皆不得與崔氏江氏書媲美。今亦不再縷陳。其逐條逐句作為疑辨解釋者，雖亦精義絡繹，美不勝收。然或則各持一偏，或則相與牴牾，今欲會通眾說，歸於條貫，汰非存是，勒為定論，以為孔子作一新傳，其事亦甚不易。抑且漢宋門戶之見愈演愈烈，義理考據一分不可

復合，既為識趣所限，能考孔子之事，乃不能傳孔子其人，此尤為病之大者。竊不自揆，最近作

為《孔子傳》一書，抑有其意，亦未必能盡副其意之所欲至。姑舉胡氏、崔氏、江氏三人之書而

略論之，非欲進退前人，乃庶使讀吾書者，知其取捨從違之所在，知其輕重緩急之所生。知其薈

粹羣言，而未嘗無孤見獨出之明。知其自本己意，而未嘗無博采兼綜之勞。特以補我自序己書之

所未盡。若謂吾書出而自宋以來一千年諸家述作考辨皆可擱置一旁，則斷斷非吾意之所存也。

孔子傳略 ❶

孔子生魯昌平鄉陬邑。其先宋微子之後。宋襄公生弗父何，以讓弟厲公。弗父何生宋父周，

周生世子勝，勝生正考父，考父生孔父嘉。五世親盡，別為公族，姓孔氏。孔父生子木金父，金

父生睪夷，睪夷生防叔，畏華氏之逼而奔魯。❷防叔生伯夏，伯夏生叔梁紇。梁紇娶魯之施氏，

生九女。其妾生孟皮，孟皮病足，乃求婚於顏氏。顏氏女徵在從父命為婚，❸梁紇老而徵在少，

時人謂之野合。❹禱於尼丘，得孔子，故孔子為魯人。

魯襄公二十二年孔子生，❺生而頂如反宇，中低而四旁高，故因名曰丘云，字仲尼。丘生三

歲❻而叔梁紇死，葬於魯東之防山。其母未以告，故孔子疑其父基處。母死，乃殯五父之衢，蓋

其慎也。陬人輓父之母誨孔子父基，然後往，合葬於防焉。

孔子為兒嬉戲，常陳俎豆，設禮容。及長，貧且賤。嘗為委吏，料量平，會計當。嘗為乘田，

牛羊茁壯，畜蕃息。孔子長九尺六寸，人皆謂之長人而異之，以知禮名。魯大夫孟釐子，病不能

相禮，乃講學之，及其將死，誡其二子曰：「孔丘，聖人之後，滅於宋。其祖弗父何，以嗣有宋

而讓厲公。及正考父，佐戴、武、宣公，三命茲益恭，故鼎銘云：『一命而僂，再命而傴，三命

而俯，循牆而走，亦莫敢余侮。饘於是，粥於是，以餬余口。』其恭如是。吾聞聖人之後，雖不

當世，必有達者。今孔丘年少好禮，其達者歟？吾即沒，若必師之。」及釐子卒，孔子年三十四

矣，❼孟懿子、南宮敬叔往學禮焉。❽弟子稍益進。

是時也，晉平公淫，六卿擅權，東伐諸侯。楚兵彊，陵轢中國。齊大而近於魯。魯小弱，附

於楚則晉怒，附於晉則楚來伐，不備於齊，齊師侵魯。❾魯昭公之二十五年，而季平子與郈昭伯

以鬥雞故得罪昭公，昭公率師擊平子，平子與孟氏、叔孫氏三家共攻昭公，昭公師敗，奔於齊。

時孔子年三十五，魯亂，遂適齊，為高昭子家臣。聞韶樂，樂之，三月不知食味。齊人稱之。景

公問政於孔子，孔子曰：「君君，臣臣，父父，子子。」時陳恆制齊，故孔子以此對。景公曰：

「善哉！信如君不君，臣不臣，父不父，子不子，雖有粟，吾豈得而食諸。」他日，又復問政於

孔子，孔子曰：「政在節財。」景公說，欲以尼谿田封孔子，齊人或讒之，❿後景公敬見孔子，

不問其禮。異日，景公止孔子，曰：「奉子以季氏，吾不能，以季、孟之間待之。」又曰：「吾

老矣，弗能用也。」齊大夫欲害孔子，孔子遂行，反乎魯。

孔子年四十二，魯昭公卒於乾侯，定公立。定公五年夏，季平子卒，桓子嗣立。**⑪** 桓子嬖臣曰仲梁懷，與陽虎有隙，陽虎欲逐懷，公山不狃止之。其秋，懷益驕，陽虎執懷，桓子怒，陽虎因囚桓子，與盟而釋之。陽虎由此益輕季氏。季氏亦僭於公室，陪臣執國政，是以魯自大夫以下皆僭，離於正道。故孔子不仕，退而修詩書禮樂，弟子彌眾，至自遠方，莫不受業焉。陽虎欲見孔子，孔子不見，陽虎瞰孔子之亡而饋孔子豚。禮，大夫有賜於士，不得受於其家，則往拜其門。孔子遂亦時其亡也而往拜之。遇諸塗，謂孔子曰：「來！予與爾言。」曰：「懷其寶而迷其邦，可謂仁乎？」曰：「不可。」「好從事而亟失時，可謂知乎？」曰：「不可。」「日月逝矣，歲不我與。」孔子曰：「諾，我將仕矣。」**⑫**

定公八年，公山不狃不得意於季氏，欲因陽虎共廢三桓之適，更立其庶孽為陽虎所素善者。使人召孔子，孔子循道彌久，溫溫無所試，莫能己用，欲往。子路不說，止孔子。孔子曰：「夫召我者而豈徒哉？如有用我者，我其為東周乎！」然亦卒不行。其後陽虎敗，奔齊，定公以孔子為中都宰，時孔子年五十一。一年，四方皆則之，由中都宰為司空，由司空為司寇。定公十年春，及齊平。夏，齊大夫犁鉏言於景公，曰：「魯用孔丘，其勢危齊。」乃使使告魯，為好會，會於夾谷。定公且以乘車好往。孔子攝相事，曰：「臣聞有文事者必有武備，有武事者必有文備。古

者諸侯出疆，必具官以從，請具左右司馬。」公曰：「諾。」具左右司馬。犁彌曰：「孔丘知禮

而無勇，若使萊人以兵劫魯侯，必得志焉。」齊侯從之。為壇位，士階三等，以會遇之禮相見，

揖讓而登。獻酬之禮畢，齊有司趨而進，曰：「請奏四方之樂！」景公曰：「諾。」於是萊人於

旍羽袚，矛戟劍撥，鼓噪而至。孔子趨而進，歷階而登，不盡一等，舉袂而言曰：「吾兩君為好

會，夷狄之樂，何為於此？請命有司！」景公心怍，遽辟之。將盟，齊人加於載書，曰：「齊師

出境，而不以甲車三百乘從我者，有如此盟。」孔子使茲無還揖對曰：「而不返我汶陽之田，吾

以共命者，亦如之。」於是齊侯乃歸所侵魯之鄆、汶陽、龜陰之田。⑬

定公十二年，侯犯以郈叛，敗奔齊。⑭孔子曰：「臣無藏甲，大夫無百雉之城。陪臣執國命，

采長數叛者，坐邑有城池之固，家有甲兵之藏故也。」⑮使仲由為季氏宰，將墮三都。叔孫氏先

墮郈。季氏將墮費，公山不狃、叔孫輒率費人，襲魯。公與三子入於季氏之宮，登武子之臺。費

人攻之，弗克。入及公側。孔子命申句須、樂頎下伐之，費人北。國人追之，敗諸姑蔑。二子奔

齊，遂墮費。將墮成。成宰公斂處父謂孟孫曰：「墮成，齊人必至於北門。且成，孟氏之保障，

無成，是無孟氏也。我將弗墮。」十二月，公圍成，弗克。⑯

孔子與聞國政三月，粥羔豚者弗飾賈，男女行者別於塗，塗不拾遺，四方之客至乎邑者如歸。

齊人聞而懼，曰：「孔子為政必霸，霸則吾地近焉，為之先并矣。盍致地焉。」犁鉏曰：「請先

嘗沮之。沮之而不可則致地，庸遲乎！」於是選齊國中女子好者八十人，皆衣文衣而舞康樂，文馬三十駟，遺魯君。陳女樂文馬於魯城南高門外。季桓子微服往觀，再三，將受，乃語魯君為周道游，往觀終日，怠於政事。子路曰：「夫子可以行矣！」孔子曰：「姑徐乎！」❶❼桓子卒受齊女樂，三日不聽政。定公十三年春，郊，不致膰俎於大夫。孔子曰：「我可以行矣。」是歲孔子年五十五，遂去魯，行宿乎屯。而師己送之，曰：「夫子則非罪。」孔子曰：「吾歌可夫！」歌曰：「彼婦之口，可以出走。彼婦之謁，可以死敗。蓋優哉游哉，維以卒歲！」師己反，桓子曰：「孔子亦何言？」師己以實告。桓子喟然嘆曰：「夫子罪我以羣婢故也夫！」

孔子遂適衛，主於顏讎由。衛靈公問孔子居魯得祿幾何？對曰：「奉粟六萬。」衛人亦致粟六萬。❶❽靈公夫人有南子者，使人謂孔子曰：「四方之君子，不辱，欲與寡君為兄弟者，必見寡小君。寡小君願見。」孔子辭謝，不得已而見之。夫人在絺帷中。孔子入門，北面稽首，夫人自帷中再拜，環佩玉聲璆然。孔子曰：「吾鄉為弗見，見之，禮答焉。」子路不說，孔子矢之，曰：「予所不者，天厭之，天厭之。」❶❾

孔子居衛，過蒲，❷❶會公叔氏以蒲叛，蒲人止孔子。孔子弟子有公良孺者，以私車五乘從，其為人長賢有勇力，鬭甚疾，蒲人懼，謂孔子曰：「苟毋適衛，吾出子。」與之盟，出孔子東門，孔子遂適衛。子貢曰：「盟可負耶？」孔子曰：「要盟也，神不聽。」❷❶衛靈公聞孔子來，喜，

郊迎，問曰：「蒲可伐乎？」對曰：「可。」靈公曰：「吾大夫以為不可。今蒲，衛之所以待晉

也。以衛伐之，無乃不可乎？」孔子曰：「其男子有死之志，婦人有保西河之志，吾所伐者，不

過四五人。」靈公曰：「善！」然不伐蒲。靈公老，怠於政，不用孔子。孔子喟然嘆曰：「苟有

用我者，朞月而已可也，三年有成。」孔子擊磬，有荷蕢而過門者，曰：「有心哉擊磬乎！」既

而，曰：「鄙哉硜硜乎！莫己知也，斯己而已矣。」㉒

魯哀公二年，㉓夏，衛靈公卒，衛人立靈公孫輒，是為出公。六月，晉趙鞅內衛靈公太子蒯

瞶於戚。陽虎使太子絻，八人衰絰，偽自衛迎者，哭而入，遂居焉。衛人拒之。冉有曰：「夫子

為衛君乎？」㉔子貢曰：「諾！吾將問之。」入曰：「伯夷、叔齊何人也？」曰：「古之賢人

也。」曰：「怨乎？」曰：「求仁而得仁，又何怨？」出，曰：「夫子不為也。」是年孔子去衛。

佛肸㉕為中牟宰，使人召孔子，孔子欲往。子路曰：「由聞諸夫子，其身親為不善者，君子不入

也。今佛肸親以中牟叛，子欲往，如之何？」孔子曰：「有是言也。不曰堅乎，磨而不磷。不曰

白乎，涅而不淄。我豈匏瓜也哉？焉能繫而不食！」然孔子終不去晉，乃過曹，又過宋，與弟子

習禮大樹下。宋司馬桓魋欲殺孔子，使人往，拔其樹。弟子曰：「可以速矣！」孔子

曰：「天生德於予，桓魋其如予何！」㉖過鄭，遂至陳，主於司城貞子家。㉗

魯哀公三年，夏，魯桓釐廟燔，南宮敬叔救火。孔子在陳聞之，曰：「災必於桓釐廟乎？」

已而果然。秋，季桓子病，輦而見魯城，喟然嘆曰：「昔此國幾興矣，以吾獲罪於孔子，故不興也。」顧謂其嗣康子曰：「我即死，若必相魯，相魯必召仲尼！」後數日，桓子卒，康子代立。已葬，欲召仲尼。公之魚曰：「昔吾先君用之不終，終為諸侯笑。今又用之，不能終，是再為諸侯笑。」康子曰：「則誰召而可？」曰：「必召冉求。」於是使使召冉求。冉求將行，孔子曰：「魯人召求，非小用之，將大用之也。」是日，孔子曰：「歸乎！歸乎！吾黨之小子狂簡，斐然成章，吾不知所以裁之。」❷❽子貢知孔子思歸，送冉求，因誡曰：「即用，以孔子為招云。」

冉求既去，明年，❷❾蔡昭公將如吳，吳召之也。前昭公欺其臣遷州來，後將往，大夫懼復遷，公孫翩射殺昭公。楚侵蔡。葉公諸梁致蔡於負函。❸❿明年秋，齊景公卒。明年，❸❶吳伐陳，陳亂，孔子居陳三歲而去，❸❷行絕糧，❸❸從者病莫能興，孔子講誦弦歌不衰。子路慍，見曰：「君子亦有窮乎？」孔子曰：「君子固窮，小人窮，斯濫矣。」❸❹楚救陳，昭王卒於城父。孔子自陳如負函，就葉公。❸❺葉公問政，孔子曰：「政在來遠❸❻附邇。」他日，葉公問孔子於子路，子路不對，孔子聞之，曰：「由！爾何不對曰：其為人也，學道不倦，誨人不厭，發憤忘食，樂以忘憂，不知老之將至云爾。」楚狂接輿歌而過孔子，曰：「鳳兮鳳兮，何德之衰，往者不可諫，來者猶可追。已而已而！今之從政者殆而！」孔子下，欲與之言，趨而去，弗得與之言。於是孔子自楚反乎衛。是歲也，孔子年六十三，而魯哀公六年也。

長沮、桀溺耦而耕，❸❼孔子使子路問津焉。長沮曰：「彼執輿者為誰？」子路曰：「為孔丘。」曰：「是魯孔丘與？」曰：「然。」曰：「是知津矣。」桀溺謂子路曰：「子為誰？」曰：「為仲由。」曰：「子孔丘之徒與？」曰：「然。」曰：「悠悠者，天下皆是也，而誰以易之。且與其從辟人之士，豈若從辟世之士哉！」耰而不輟。子路以告孔子，孔子憮然，曰：「鳥獸不可與同羣，天下有道，丘不與易也。」他日，子路行，遇荷蓧丈人，曰：「子見夫子乎？」丈人曰：「四體不勤，五穀不分，孰為夫子！」植其杖而芸。子路以告。孔子曰：「隱者也。」使復往，則亡矣。

其明年，吳與魯會繒，徵百牢。太宰嚭召季康子。時子貢反仕於魯，康子使子貢往，事得已。

孔子曰：「魯、衛之政，兄弟也。」時衛君輒父不得立，在外，諸侯數以為讓，而孔子弟子多仕於衛，衛君欲得孔子為政。子路曰：「衛君待子而為政，子將奚先？」孔子曰：「必也正名乎！」子路曰：「有是哉，子之迂也！何其正？」孔子曰：「野哉由也！夫名不正則言不順，言不順則事不成，事不成則禮樂不興，禮樂不興則刑罰不中，刑罰不中則民無所措手足。夫君子為之必可名也，言之必可行也。君子於其言，無所苟而已矣。」其明年，冉有為季氏將師與齊戰於郎，克之。季康子曰：「子之於軍旅，學之乎？性之乎？」冉有曰：「學之於孔子。」季康子曰：「我欲召孔子可乎？」對曰：「欲召之，則毋以小人固之矣。」衛孔文子❸❽將攻太叔，問策於孔子，

孔子曰：「胡簋之事，則嘗學之矣。甲兵之事，未之聞也。」退命駕而行，曰：「鳥則擇木，木豈能擇鳥？」文子遽止之，曰：「圉豈敢度其私，訪衛國之難也。」孔子將止，會季康子逐公華、公賓、公林，以幣迎孔子，孔子遂歸魯。孔子之去魯，凡十四歲而反乎魯。

魯哀公問曰：「何為則民服？」孔子對曰：「舉直錯諸枉，則民服，舉枉錯諸直，則民不服。」季康子問政，孔子對曰：「政者正也，子帥以正，孰敢不正？」季康子患盜，問於孔子，孔子對曰：「苟子之不欲，雖賞之不竊。」然魯終不能用孔子，孔子亦不求仕。時周室微而禮樂廢，詩書缺，孔子追迹三代之禮，序《書傳》，上自唐虞，㊴曰：「夏禮吾能言之，杞不足徵也。殷禮吾能言之，宋不足徵也。足則吾能徵之矣。」觀殷、夏所損益，曰：「後雖百世可知也。」一文一質，周監二代，曰：「郁郁乎文哉！吾從周。」故《書傳》《禮記》自孔氏。孔子語魯太師，樂其可知也。始作翕如，縱之純如，皦如，繹如也。以成。曰：「吾自衛反魯，然後《樂》正，《雅》、《頌》各得其所。」㊵三百五篇，孔子皆弦歌之，以求合韶武雅頌之音，禮樂自此可得而述。㊶孔子以詩書禮樂教，弟子通六藝者七十有二人，㊷如顏濁鄒之徒頗受業者甚眾。

子以四教，文行忠信。不憤不啟，舉一隅不以三隅反，則不復也。子絕四，毋意、毋必、毋固、毋我。所慎，齊、戰、疾。罕言利，與命與仁。其於鄉黨，恂恂似不能言者。其於宗廟朝廷，辯辯言，唯謹爾。朝與上大夫言，誾誾如也。與下大夫言，侃侃如也。入公門，鞠躬如也。趨進，

翼如也。君召使儐，色勃如也。君命召，不俟駕而行。魚餒肉敗不食，割不正不食，席不正不坐。

食於有喪者之側，未嘗飽也。是日哭，則不歌。見齊衰者，瞽者，雖童子必變。與人歌，善，則使復之，然後和之。不語怪力亂神。曰：「三人行，必有我師焉。」「德之不修，學之不講，聞義不能徙，不善不能改，是吾憂也。」子貢曰：「夫子之文章，可得而聞也。夫子之言性與天道，不可得而聞也已。」顏淵喟然嘆曰：「仰之彌高，鑽之彌堅，瞻之在前，忽焉在後。夫子循循然善誘人，博我以文，約我以禮。欲罷不能，既竭我才，如有所立卓爾，雖欲從之，末由也已！」達巷黨人曰：「大哉孔子，博學而無所成名。」子聞之，曰：「我何執？執御乎？執射乎？我執御矣。」牢曰：「子云：我不試，故藝。」

魯哀公十四年，春，狩大野。叔孫氏車子鉏商獲獸，以為不祥。孔子視之，曰：「麟也。」孔子曰：「河不出圖，雒不出書，吾已矣夫！」顏淵死，孔子曰：「天喪予。」及西狩見麟，曰：「吾道窮矣！」喟然嘆曰：「莫我知也夫！」子貢曰：「何為莫子知也？」孔子曰：「不怨天，不尤人，下學而上達，知我者其天乎！」「不降其志，不辱其身，伯夷、叔齊也。」謂：「柳下惠、少連，降志辱身矣！」謂：「虞仲、夷逸，隱居放言，行中清，廢中權。」「我則異於是，無可無不可。」子曰：「弗乎弗乎！君子病歿世而名不稱焉。吾道不行矣，吾何以自見於後世哉！」乃因魯史記，作《春秋》，上自隱公，下訖哀公十四年，十二公。❸約其文辭而指博，故吳、楚之

君自稱王，而《春秋》貶之曰子。踐土之會，實召周天子，而《春秋》諱之曰：「天王狩於河陽。」推此類以繩當世，貶損之義，後有王者舉而用之，《春秋》之義行，則天下亂臣賊子懼焉。

弟子受《春秋》，孔子曰：「後世知丘者以《春秋》，而罪丘者亦以《春秋》。」明歲，子路死於衛。孔子病，子貢請見，孔子方負杖逍遙於門，曰：「賜！汝來何晚也！」孔子因嘆歌曰：「太山其頹乎！梁木其摧乎！哲人其萎乎！」因以涕下，謂子貢曰：「天下無道久矣，其孰能宗予！夏人殯於東階，周人於西階，殷人兩柱間。昨暮，予夢坐奠兩柱之間，予殆殷人也。」後七日卒。

時魯哀公十六年夏四月，孔子年七十三。哀公誄之，曰：「昊天不弔，不憖遺一老，俾屏余一人以在位，煢煢余在疚。嗚呼哀哉！尼父！毋自律。」㊹

孔子葬魯城北泗上，弟子皆服三年。三年心喪畢，相訣而去，則哭，各復盡哀，或復留。唯子貢廬於冢上，凡六年然後去。弟子及魯人往從冢而家者百有餘室，因命曰孔里。魯世世相傳，以歲時奉祠孔子冢，而諸儒亦講禮鄉飲大射於孔子冢。孔子家大一頃，故所居堂，弟子內，後世因廟，藏孔子衣冠琴車書。至於漢，二百餘年不絕。漢高祖過魯，以太牢祀焉。諸侯卿相至，常先謁，然後從政。

孔子生鯉，字伯魚，伯魚年五十，先孔子死。伯魚生伋，字子思，年六十二。嘗困於宋。㊺

子思生白，字子上，年四十七。子上生求，字子家，年四十五。子家生箕，字子京，年四十六。

注　解

❶　本篇全據《史記·孔子世家》，而略有刪正，乃十餘年前舊稿。近撰《孔子傳》，詳略不同，又細微處續有改定，當從近撰。

❷　以上敘孔子先世，據《索隱》引《家語》增入。

❸　以上叙梁紇娶魯施氏以下，據《索隱》引《家語》增入。

❹　《索隱》云：野合者，謂梁紇老而徵在少，非當壯室初笄之禮，故云野合，謂不合禮儀。《正義》云：男子八八六十四陽道絕，女子七七四十九陰道絕，婚姻過此者皆為野合。據此梁紇婚過六十

子京生穿，字子高，年五十一。子高生子慎，年五十七，嘗為魏相。子慎生鮒，年五十七，為陳王涉博士，死於陳下。鮒弟子襄，年五十七。子襄生忠，年五十七。忠生武，武生延年及安國。安國為漢武帝博士，至臨淮太守，早卒。

漢太史公司馬遷贊曰：「《詩》有之，高山仰止，景行行止，雖不能至，然心鄉往之。余讀孔氏書，想見其為人。適魯，觀仲尼廟堂車服禮器，諸生以時習禮其家，余低回留之不能去云。天下君王至於賢人，眾矣。當時則榮，沒則已焉。孔子布衣，傳十餘世，學者宗之，自天子王侯，中國言六藝者，折中於夫子，可謂至聖矣！」

❶ 四矣。

❺ 《公羊傳》襄二十一年十一月庚子孔子生，此從《史記》。

❻ 據《索隱》引《家語》。

❼ 按《史記》本文孔子年十七，魯大夫孟釐子病且死。又云：是歲季武子卒，平子代立，皆誤。今據《左傳》改正，說詳《先秦諸子繫年》卷一。

❽ 此下有南宮敬叔與孔子適周問禮見老子一節，今刪，說詳《先秦諸子繫年》。

❾ 此下有齊景公與晏嬰來適魯，見孔子一節，今刪，說詳《先秦諸子繫年》。

❿ 此處原文有晏嬰曰一大節，今刪，說詳《先秦諸子繫年》。

⓫ 此下有季桓子穿井得土缶，吳伐越墮會稽，得骨節專車，兩節，均刪。

⓬ 本節據《論語》增入。

⓭ 本節參《左傳》，刪誅侏儒一節，說詳《先秦諸子繫年》。

⓮ 原文云定公十三年，誤。侯犯之叛，據《左傳》增。

⓯ 此數語據《公羊》注增。

⓰ 此下有誅魯大夫亂政者少正卯一節，刪，說詳《先秦諸子繫年》。

⓱ 原文孔子曰：「魯今且郊，如致膰乎大夫，則吾猶可以止。」此蓋據《孟子》而誤會其義，今酌

⑱ 此下有或謂孔子於衛靈公，孔子適陳過匡一節，又使從者為甯武子家臣而過蒲一節，皆刪。

易之。

⑲ 此下有靈公與夫人同車，孔子為次乘，招搖過市一節，刪。又適宋，司馬桓魋欲殺孔子一節刪。又還息陬鄉作陬操一節刪。

又適鄭，獨立郭東門一節刪。又適陳一節移後，有集集於陳廷一節刪。

⑳ 原文作孔子去陳過蒲，今正。

㉑ 孔子過蒲，不見於《論語》，史文必有本而誤分為兩過蒲，今姑參其年代地理并兩事為一而存之。惟事當在初適衛時，《史記》敘在後，仍誤。此姑仍之。下文有孔子將西見趙簡子一節刪，說詳《先秦諸子繫年》。

㉒ 此下有孔子學鼓琴師襄子一節刪。

㉓ 原文孔子行在衛靈公卒前，今正，說詳《先秦諸子繫年》。

㉔ 此節據《論語》增，說詳《先秦諸子繫年》。

㉕ 佛肸之事見於《論語》必有本。惟孔子曰：「不曰堅乎，不曰白乎。」堅白兼舉，似戰國晚出人語。

㉖ 《論語》亦云子畏於匡，或係孔子過蒲一事之譌，或係微服過宋之譌，二者必居一焉，今既著過蒲一事，又著過宋事，而沒其畏匡焉，說詳《先秦諸子繫年》。

姑此志疑。

❷❼ 原文孔子於衛靈公時凡四去衛，再適陳，今皆改正，說詳《先秦諸子繫年》。

❷❽ 原文孔子在陳歎歸歟凡兩見，此存其一。

❷❾ 原文此年孔子自陳遷於蔡，今刪，說詳《先秦諸子繫年》。

❸⓪ 此據《左傳》增，說詳《先秦諸子繫年》。

❸❶ 此處原文云孔子自蔡如葉，今刪，說詳《先秦諸子繫年》。

❸❷ 原文孔子遷於蔡三歲，誤，今正，說詳《先秦諸子繫年》。

❸❸ 原文作陳蔡用事大夫發徒役圍孔子於野，遂絕糧，此不從，刪，說詳《先秦諸子繫年》。

❸❹ 此下原文有子貢色作一節，有匪兕匪虎率彼曠野一節，使子貢至楚，楚昭王興師迎孔子一節，均刪。

❸❺ 原文有楚昭王欲以書社七百里封孔子一節，今刪，說詳《先秦諸子繫年》。

❸❻ 原文孔子自蔡如葉，又孔子在陳蔡之間，楚使聘孔子，分兩事，今正。說詳《先秦諸子繫年》。

❸❼ 長沮桀溺一節，荷篠丈人一節，原文入之孔子去葉反蔡途中，誤。此兩事殆孔子自陳適楚時事，否則由楚反衛時事也，故繫之於此。

❸❽ 此據《左傳》增。《論語》衛靈公問陳，兩事相似，《史記》兩存之，今刪衛靈公問陳一節，說詳《先秦諸子繫年》。

❸❾ 原文序《書傳》，上紀唐虞之際，下至秦繆，編次其事，今酌正。

㊺ 原文云子思作《中庸》，今刪，說詳《先秦諸子繫年》。

㊹ 原文有子貢曰君其不歿於魯一節，刪。

㊸ 原文有據魯親周故殷，運之三代語，今刪。又按：孔子作《春秋》，疑應在獲麟絕筆，非始作。語詳余另作《孔子傳》。

㊷ 原文作弟子蓋三千，身通六藝者七十二人，今酌正。

㊶ 此下原文有孔子晚而喜易一節，刪，說詳《先秦諸子繫年》。

㊵ 此下原文有古者詩三千餘篇一節，今刪。

余撰《孔子傳》前，本有舊稿〈孔子傳略〉一篇。及門戴景賢創為廣學社印書館，索余稿，余遂以與之。并舊稿〈論語新編〉一篇合刊為一小冊。竊謂如余此稿，始或稍合通俗普及之用，然萬不宜以如此稿付孔孟學會刊行。學會所發布之刊物，宜稍具學術性，稍富研究性，豈宜以簡單平淺者供人傳習。今附刊於此，以供讀者參考。

但又念今白話流行，即如此傳略，多用《左傳》、《史記》原文，亦已不得謂是一通俗本。儻必求通俗，勢非盡廢文言，通體以白話抒寫，庶或近之。然必以古本文言改寫白話，其事當更難。

如今世《論語》、《左傳》等書，皆有白話翻譯本，惜余未曾見及。但中國古人則多作注釋，即如佛教翻譯印度原文，亦多另自作注。

今試以白話作注，亦較以白話直譯原文遠為合適。如《論語》一「仁」字，豈不可作為注語，詳發其義？若必直作繙譯，豈不難之又難。今人於此不辨，則對於古典文之宣傳，豈不將如鯉魚之登龍門。則亦惟有高山仰止，景行行之，雖不能至，心嚮往之之嘆矣。余今又謹以附茲篇於本書之最後，以供讀者之參考。孔子之教，博文約禮，非敢貪多，亦以備讀者之善自約取之。

莊子纂箋

錢穆 著

本書除郭象注外，詳採中國古今各家注，共得百種上下，斟酌選擇調和決奪，得一妥適之正解。

全部《莊子》一字一句，無不操心，並可融通，實為莊子一家思想之正確解釋，宜為從古注書之上品。

中國思想通俗講話

錢穆 著

本書以「道理」、「性命」、「德行」、「氣運」四題及補文一篇，共五個部分，拈出目前社會習用的幾許觀念與名詞，由此上溯全部中國思想史，並由淺入深的闡述此諸觀念、諸名詞的內在涵義，及其相互會通之點，藉以描繪出中國傳統思想的大輪廓。

論語新解

錢穆 著

「新解」之新，乃方法、觀念、語言之新，非欲破棄舊注以為新。一則備采眾說，折衷於是，以廣開讀者之思路，見《論語》義理之無窮；二則兼顧文言頗析之平易，與白話語譯之通暢，以求擺脫俗套，收今古相濟之效。讀者藉由本書之助，庶幾能得《論語》之真義。

中華文化十二講　錢穆 著

本書乃實四先生初定居臺灣期間，在各軍事基地之演講辭，共十二篇，大體討論中國文化問題。實四先生認為中國文化有其特殊之成就、意義與價值，縱使一時受人輕鄙，但就人類生命全體之前途而言，中國文化必有其再見光輝與發揚之一日。

朱子學提綱　錢穆 著

本書為《朱子新學案》一書之首部。中國宋元明三代之理學，朱子為其重要一中心。儻論全部中國學術思想史，則孔子為上古一中心，朱子乃為近古一中心。《朱子新學案》乃就朱子學全部內容來發揮理學之意義與價值，但過屬專門，學者宜先讀《宋元學案》等書，乃可入門。此編則從全部中國學術思想之演變來闡述朱子學，範圍較廣，但易領略，故宜先讀此編，再讀《朱子新學案》全部，乃易有得。

國家圖書館出版品預行編目資料

孔子傳／錢穆著.－－三版二刷.－－臺北市：東大，
2022
面；　公分.－－（錢穆作品精萃）

ISBN 978-957-19-3185-2 （平裝）
1. (周)孔丘 2. 學術思想 3. 傳記

121.23　　　　　　　　　　　　108009148

孔子傳

作　　者	錢　穆
發 行 人	劉仲傑
出 版 者	東大圖書股份有限公司
地　　址	臺北市復興北路 386 號 (復北門市)
	臺北市重慶南路一段 61 號 (重南門市)
電　　話	(02)25006600
網　　址	三民網路書店 https://www.sanmin.com.tw
出版日期	初版一刷 1987 年 6 月
	重印二版三刷 2016 年 3 月
	三版一刷 2019 年 8 月
	三版二刷 2022 年 1 月
書籍編號	E780630
I S B N	978-957-19-3185-2

東大圖書公司